CONCOURS INFIRMIER pour AS-AP

ÉPREUVE DE SÉLECTION 2018

Textes officiels • Pré-requis • Méthodologie
Cours • Entraînement • Concours blancs

Sabine Bonamy
Cadre de santé, infirmier
Formateur et jury en Institut de formation en soins infirmiers

Jérôme Clément
Cadre de santé, infirmier
Formateur et jury en Institut de formation en soins infirmiers

SETES

Setes éditions
84, avenue Emile Cossonneau
93160 Noisy-le-grand
www.editions-setes.com

ISBN 979-10-91515-68-9

Impression & brochage SEPEC - France
Numéro d'impression : 08595170501 - Dépôt légal : mai 2017

IMPRIM'VERT®

PEFC 10-31-1470 / Certifié PEFC / Ce produit est issu de forêts gérées durablement et de sources contrôlées. / pefc-france.org

Introduction

L'accès à la formation infirmière est limité par un concours d'entrée en Institut de Formation en Soins Infirmiers (IFSI). 30 000 places sont ouvertes chaque année pour les quelques 350 IFSI de France.

L'Aide-Soignant(e) (AS) ou l'Auxiliaire de Puériculture (AP) travaille sous la responsabilité de l'infirmier(ière) ou de l'infirmier(ière) puéricultrice. On comprend le souhait des AS ou AP de bénéficier d'une promotion professionnelle, avec l'obtention du diplôme d'État d'infirmier.

Une épreuve de sélection est proposée aux AS et AP. Dans la suite de cet ouvrage nous parlerons soit d'examen d'admission, soit de concours spécifique (c'est un examen d'admission soumis à un nombre de places limité).

20% au maximum des 30000 places, soit 6000 places, sont réservées aux AS et AP.

Nous verrons dans quel cadre juridique cette promotion professionnelle peut se mettre en place suite à la réforme de la formation infirmière en 2009.
Pour comprendre le principe de cette épreuve de sélection, un rappel des professions AS et AP est nécessaire (référentiels de compétences et de formation). La finalité de cette épreuve de sélection est d'intégrer la formation infirmière en valorisant ses acquis professionnels AS ou AP.

La méthodologie de l'épreuve écrite et des rappels mathématiques vous donneront les outils nécessaires pour aborder ce concours spécifique avec sérénité. Vous pourrez vous entraîner avec de nombreux sujets corrigés.

Guide de lecture des fiches

Fiche « Juridique »

Cette fiche propose en intégralité ou en extrait les textes officiels (articles, décrets...) importants du sujet traité. Exemple :

> **Article L. 4311-1 et suivants**
>
> « Est considérée comme exerçant la profession d'infirmière ou d'infirmier toute personne qui donne habituellement des soins infirmiers sur prescription ou conseil médical, ou en application du rôle propre qui lui est dévolu.
>
> L'infirmière ou l'infirmier participe à différentes actions, notamment en matière de prévention, d'éducation de la santé et de formation ou d'encadrement.
>
> L'infirmière ou l'infirmier peut effectuer certaines vaccinations, sans prescription médicale, dont la liste, les modalités et les conditions de réalisation sont fixées par décret en Conseil d'État, pris après avis du Haut conseil de la santé publique.
>
> L'infirmière ou l'infirmier est autorisé à renouveler les prescriptions, datant de moins d'un an, de médicaments contraceptifs oraux dont la liste est fixée par arrêté du ministre chargé de la santé, après avis de l'Agence française de sécurité sanitaire des produits de santé, pour une durée maximale de six mois, non renouvelable. Cette disposition est également applicable aux infirmières et infirmiers exerçant dans les établissements mentionnés au deuxième alinéa du I de l'article L. 5134-1 et dans les services mentionnés au premier alinéa de l'article L. 2112-1 et à l'article L. 2311-4. »

Fiche « Remarque »

Cette fiche propose une notion essentielle relative au sujet traité. Exemple :

> **Remarque** : un AS ou AP qui ne justifie pas de trois ans d'exercice professionnel peut présenter le concours classique s'il est bachelier (articles 14 et suivants).

Fiche « Conseils méthodologiques »

Cette fiche située au niveau des entraînements « analyse de situation », propose une aide méthodologique complémentaire. Le texte de cette fiche est volontairement mis à l'envers pour ne pas influencer la lecture automatique. Exemple :

> **Conseils méthodologiques**
>
> La collecte de données est complète. Il vous reste à traiter les données.
> Vous devez maîtriser les notions de dépendance et d'indépendance.

Sommaire

Partie 1 • Réglementation

Chapitre 1 • Cadre juridique

Chapitre 2 • Concours spécifique AS/AP

Chapitre 3 • Dispense de formation infirmière

Partie 2 • Prérequis professionnels AS/AP

Chapitre 4 • Rappels sur les professions AS/AP

Partie 3 • Méthodologie - Cours - Exercices

Chapitre 5 • Analyse et synthèse de situation : méthodologie

Chapitre 6 • Analyse et synthèse de situation : application pratique

Chapitre 7 • Questions numériques : rappels mathématiques et exercices

Partie 4 • Entraînement : épreuve de sélection

Chapitre 8 • Analyse et synthèse de situation : sujets

Chapitre 9 • Analyse et synthèse de situation : corrections

Chapitre 10 • Questions numériques : sujets

Chapitre 11 • Questions numériques : corrections

Partie 5 • Mise en situation : concours blancs

Chapitre 12 • Concours blancs : sujets

Chapitre 13 • Concours blancs : corrections

Partie 1

Réglementation

Chapitre 1
Cadre juridique

1. Profession réglementée

La profession infirmière est une profession réglementée au sein de la communauté européenne. Cela signifie qu'elle nécessite la possession d'un titre professionnel, obtenu après une formation professionnelle, délivré par un État membre (directive européenne sur la reconnaissances des qualifications professionnelles, JOCE du 30/09/2005).

En France, on définit la profession d'infirmier ou infirmière dans le Code de la santé publique.

> **Article L. 4311-1 et suivants**
>
> « Est considérée comme exerçant la profession d'infirmière ou d'infirmier toute personne qui donne habituellement des soins infirmiers sur prescription ou conseil médical, ou en application du rôle propre qui lui est dévolu.
>
> L'infirmière ou l'infirmier participe à différentes actions, notamment en matière de prévention, d'éducation de la santé et de formation ou d'encadrement.
>
> L'infirmière ou l'infirmier peut effectuer certaines vaccinations, sans prescription médicale, dont la liste, les modalités et les conditions de réalisation sont fixées par décret en Conseil d'État, pris après avis du Haut conseil de la santé publique.
>
> L'infirmière ou l'infirmier est autorisé à renouveler les prescriptions, datant de moins d'un an, de médicaments contraceptifs oraux dont la liste est fixée par arrêté du ministre chargé de la santé, après avis de l'Agence française de sécurité sanitaire des produits de santé, pour une durée maximale de six mois, non renouvelable. Cette disposition est également applicable aux infirmières et infirmiers exerçant dans les établissements mentionnés au deuxième alinéa du I de l'article L. 5134-1 et dans les services mentionnés au premier alinéa de l'article L. 2112-1 et à l'article L. 2311-4. »

L'exercice de la profession infirmière est réservé aux personnes titulaires d'un diplôme d'État d'infirmier (ou un titre équivalent, ou une autorisation particulière délivrée par l'État).

Les actes de soins réservés aux infirmiers sont précisés dans le Code de la santé publique par un décret pris en Conseil d'État.

Cet encadrement juridique permet aux infirmiers d'effectuer des actes touchant le corps humain (injection, pansement...), par dérogation au monopole du corps médical, seul autorisé par le Code civil, dans un cadre thérapeutique précis, à « porter atteinte au corps humain ».

2. Validation des Acquis de l'Expérience (VAE)

La validation des acquis de l'expérience pour obtenir le diplôme d'État d'infirmier n'est pas possible. La procédure de VAE ne saurait valider un exercice illégal d'une profession réglementée, seule habilitée à réaliser certains actes.
Mais, on peut considérer que l'arrêté du 31 juillet 2009 relatif au diplôme d'État d'infirmier introduit une VAE permettant d'obtenir une partie du diplôme d'État infirmier pour les personnels aides-soignants et auxiliaires de puériculture.

3. Diplôme d'État infirmier (Arrêté du 31/07/2009)

Prenez le temps de lire l'arrêté du 31 juillet 2009 relatif au diplôme d'État d'infirmier :

- http ://www.legifrance.gouv.fr/affichTexte.do?cidTexte=JORFTEXT000020961044

Vous y apprendrez comment se déroule votre concours spécifique, mais aussi le déroulement de la formation infirmière.
Vous trouverez, ci-après, un résumé de cet arrêté.

Arrêté du 31 juillet 2009

(Art. 1) Le premier article est fondamental. Il introduit la notion de compétences professionnelles pour exercer les activités du métier d'infirmier (référentiels placés en annexe). Il reprend les articles du Code de la santé publique, le fameux décret d'actes, interprété à tort comme un décret de compétences. Aujourd'hui, on peut parler du référentiel de compétences infirmières.

(Art. 6 à 10) La présélection est identique à la validation des acquis, sauf l'introduction d'une note éliminatoire (7/20) à l'une ou l'autre des épreuves.

(Art. 19 à 21) Le principe des listes principales et complémentaires est maintenu.

(Art. 24 à 26) Les aides soignants et les auxiliaires de puériculture, justifiant de 3 ans d'exercice en équivalent temps plein bénéficient d'une dispense de scolarité, sous réserve d'avoir réussi une épreuve de sélection.

(Art. 33 à 37) Le nouveau texte prévoit explicitement des passerelles pour : les sages-femmes, les médecins, les étudiants en médecine, les titulaires d'un diplôme d'État de masseur-kinésithérapeute ou d'ergothérapeute ou de pédicure-podologue ou de manipulateur d'électroradiologie médicale ou du diplôme d'assistant hospitalier des hospices civils de Lyon selon des modalités fixées dans les articles 33 à 36.

(Titre III) Le titre III présente des modifications majeures du programme de formation : l'approche par compétences, l'organisation des contenus en unités d'enseignement, la notion de six semestres l'introduction d'un portfolio, une nouvelle répartition des stages et de nouvelles mesures d'encadrement, l'introduction de l'anglais et de l'informatique.

(Art. 39) 4200 heures, 2100 heures de formation théorique et 2100 heures de formation clinique. Le temps de travail personnel complémentaire est estimé à 900 heures. La charge de travail de l'étudiant est de 5100 heures.

(Art. 40) Les annexes à l'arrêté contiennent le contenu de la formation :
annexe III : référentiel de formation ;
annexe IV : maquette de formation ;
annexe V : unités d'enseignement ;
annexe VI : portfolio.

(Art. 42) La notion de crédits européens est introduite. Il faut 180 ECTS pour obtenir le diplôme d'État d'infirmier.

(Art. 43) Les 10 compétences infirmières retenues sont validées par la validation des unités d'enseignements correspondantes, des éléments évalués en stage et des actes, activités et techniques de soins évalués en stage ou dans l'institut.

(Art. 44) L'évaluation utilise le contrôle continu ou un examen terminal ou les deux combinés.

(Art. 45) Chaque semestre est validé par l'obtention de 30 ECTS.

(Art. 46) On retrouve des évaluations portant sur plusieurs unités d'enseignement.

(Art. 47 à 48) L'acquisition des unités d'enseignement s'opère selon des principes de capitalisation et de compensation, comme dans un cursus universitaire. Il faut obtenir au minimum la moyenne lors de l'évaluation d'une unité d'enseignement pour valider celle-ci. Certaines unités d'enseignement permettent des compensations entre elles.

(Art. 49) Une session de rattrapage est prévue pour tous les enseignements semestriels.

(Art. 50) Le passage de première en deuxième année est conditionné par la validation des semestres 1 et 2 ou par la validation d'un semestre complet ou encore par la validation de 48 crédits sur 60 répartis sur les deux semestres de formation.

(Art. 51) Le passage de deuxième en troisième année est conditionné par la validation des semestres 1, 2, 3 et 4 ou par la validation des semestres 1 et 2 et d'un des deux semestres 3 et 4, ou encore par la validation des deux premiers semestres et de 48 à 60 crédits repartis sur les semestres 3 et 4.

(Art. 52) L'étudiant à la possibilité de compléter ses unités d'enseignement manquantes dans une autre année de formation.

(Art. 53) En fin de troisième année l'étudiant qui n'a pas obtenu 180 crédits peut se présenter à une nouvelle validation des unités d'enseignement manquantes.

(Art.54) L'étudiant qui opte pour une réorientation bénéficie d'une étude de son capital acquis en « crédits européens ».

(Art. 55 à 56) Le portfolio prévu à l'annexe VI comporte des éléments inscrits par l'étudiant et par les personnes responsables de l'encadrement en stage, tuteur ou maître de stage.

(Art. 57) L'acquisition des compétences est progressive. Toutefois des étapes minimales d'acquisition sont définies.

(Art. 58) Un stage non validé peut donner lieu à un stage de rattrapage.

(Art. 59) Une commission d'attribution des crédits présidée par le directeur de l'institut délivre les crédits aux étudiants. Le formateur responsable du suivi pédagogique de l'étudiant présente les résultats obtenus chaque semestre.

(Art. 60) Pour être présenté au jury régional d'attribution du DE infirmier, l'étudiant doit valider les 5 premiers semestres et l'ensemble des contenus prévus au semestre 6.

(Art. 61 à 63) Le fonctionnement du jury régional d'attribution du DE infirmier se prononce au vu du dossier de l'étudiant.

(Art. 64) Les candidats qui ont obtenu les 180 crédits sont déclarés reçus au diplôme d'État d'infirmier.

Chapitre 2
Épreuve de sélection AS/AP

1. Dispenses de scolarité

Le texte de référence est l'arrêté du 31 juillet 2009 relatif au diplôme d'État d'infirmier. Le titre II de cet arrêté précise les éléments suivants.

Article 24

« Titre II Dispenses de scolarité
Les titulaires du diplôme d'État d'aide-soignant et du diplôme d'État d'auxiliaire de puériculture justifiant de 3 ans d'exercice en équivalent temps plein bénéficient d'une dispense de scolarité, sous réserve d'avoir réussi une épreuve de sélection, dans les conditions prévues à l'article 25... »

Une épreuve de sélection est prévue.

Remarque : un AS ou AP qui ne justifie pas de trois ans d'exercice professionnel peut présenter le concours classique s'il est bachelier (articles 14 et suivants).

S'il n'est pas bachelier, mais qu'il peut justifier d'une expérience professionnelle (autre qu'AS ou AP), d'au moins trois ans dans le secteur de la santé, ou d'au moins cinq ans dans un autre secteur, il peut présenter le jury de présélection (articles 5 et suivants), puis le concours classique (articles 14 et suivants).

2. Conditions requises

- Première condition : être titulaire du diplôme d'État d'aide-soignant ou d'auxiliaire de puériculture.
- Deuxième condition : justifier de 3 ans d'exercice professionnel à temps plein (3 ans ETP).

Rappel : depuis la publication du décret du 31 août 2007, « Les personnes titulaires du certificat d'aptitude aux fonctions d'aide-soignant ou du diplôme professionnel d'aide-soignant sont regardées comme titulaires du diplôme d'État d'aide-soignant ou du diplôme d'État d'auxiliaire de puériculture ».

3. Dossier d'inscription

Article 24 suite

« ... ils déposent dans chacun des instituts de formation où ils se présentent un dossier d'inscription comportant :
1° une copie d'une pièce d'identité ;
2° une copie de diplôme ;
3° un ou plusieurs certificats du ou des employeurs attestant de l'exercice professionnel de l'intéressé en qualité d'aide-soignant ou d'auxiliaire de puériculture. »

Pour bénéficier de cette dispense de scolarité, les candidats doivent renseigner un dossier spécifique et doivent justifier de leur temps d'exercice professionnel. Il est essentiel de fournir des documents lisibles et clairs (photocopies de qualité si nécessaire) afin de ne pas voir son dossier rejeté.

4. Épreuve de sélection : généralités

Article 25

« L'épreuve de sélection, d'une durée de deux heures, est organisée par le directeur de l'institut et soumis au même jury de sélection que celui visé à l'article 13... »

L'épreuve de sélection est organisée par le directeur de l'institut. Le jury est le même que le jury du concours classique *(cf. article 13)*. La durée de cet examen est de deux heures.

Article 13

« Les épreuves de sélection sont organisées par l'institut de formation ou le regroupement des instituts dans les conditions définies à l'article 3.
Le jury est composé du directeur de l'institut de formation en soins infirmiers, ou des directeurs en cas de regroupement, d'infirmiers cadres de santé formateurs, d'infirmiers cadres de santé exerçant en secteur de soins et de personnes qualifiées. La présidence du jury est assurée par un directeur d'institut.
Le président du jury choisit les sujets parmi les questions proposées par les équipes enseignantes de chaque institut de formation en soins infirmiers.
Les modalités des épreuves de sélection ainsi que les sujets sont soumis à l'approbation du préfet de région. »

5. Épreuve de sélection

5.1. Cadre juridique

Article 25 suite

« ...il consiste en une analyse écrite de trois situations professionnelles. Chaque situation fait l'objet d'une question... »

L'épreuve de sélection consiste en une analyse de trois situations professionnelles. Chaque situation fait l'objet d'une question.

C'est la seule épreuve de ce concours de sélection. C'est une épreuve écrite, de deux heures.

Le type d'épreuve s'apparente à une mise en situation professionnelle, un cas clinique ou un cas concret.

> **Article 25 suite**
>
> « ...cette épreuve de sélection permet d'évaluer l'aptitude à poursuivre la formation notamment les capacités d'écriture, d'analyse, de synthèse et les connaissances numériques... »

On retient que cette épreuve écrite permet d'évaluer l'aptitude à poursuivre la formation, notamment les capacités :

- d'écriture ;
- d'analyse ;
- de synthèse ;
- et les connaissances numériques.

Une seule question est posée sur chaque situation professionnelle, mais cette question peut regrouper des sous-questions permettant d'évaluer l'ensemble des capacités.

> **Article 25 suite**
>
> « ...les candidats doivent obtenir une note au moins égale à 15 sur 30 à cette épreuve... »

L'épreuve est notée sur 30 et il faut obtenir la moyenne pour être déclaré admis.

5.2. Évaluation de la copie

Votre copie sera le seul vecteur de votre prestation. Il faut impérativement soigner cette copie sur la forme.

Sur la forme

- Éviter les ratures.
- Écrire proprement.
- Écrire lisiblement.
- Prendre le temps de relire la copie.
- Prendre le temps de relire la copie !
- Prendre le temps de relire la copie, trois fois ne sera pas de trop !
- Utiliser tout le temps disponible, il n'y a aucune prime à rendre sa copie en premier.

Capacités d'écriture

Êtes-vous en mesure de rédiger un document compréhensible et utilisable par autrui ?

Demain, vous serez amené à rédiger des rapports, des comptes-rendus, des transmissions...

Capacités d'analyse

Êtes-vous capable, à partir de vos observations ou de vos lectures, de comprendre une situation ?

Demain, vous serez amené à observer les situations de soins, les patients... et à apporter une analyse pertinente pour mettre en œuvre les actions appropriées.

Capacités de synthèse

Êtes-vous capable de relever l'essentiel, l'utile et le pertinent dans une analyse ?

Demain, vous devrez apporter des synthèses pertinentes à la demande de vos collègues, ou du corps médical, et dans toutes les situations de soins pour rapidement cibler les actions à mener.

Connaissances numériques

Êtes-vous capable de mettre en œuvre des calculs mathématiques pour réaliser les calculs de dose et débit ?

Demain, vous devrez mettre en œuvre des prescriptions médicales avec des calculs de dose et débit. Une erreur de calcul peut entraîner des conséquences dramatiques pour le patient.

5.3. Ce qu'on attend de vous

Capacités d'écriture
La présentation de la copie doit être soignée avec une organisation (plan) claire et respectée.
Capacités d'analyse
En aucun cas, vous ne devez inventer des éléments. L'analyse repose sur des faits avérés et non sur des inventions personnelles.
Capacités de synthèse
L'essentiel doit être mis en évidence. Il ne faut pas « remplir » sa copie à tout prix. Ce qui est écrit est clair, précis, argumenté et utile.
Connaissances numériques
Les calculs éventuellement présentés sont précis et vérifiés. Comparer toujours votre résultat à la pratique : est-ce que le résultat est réaliste ?

6. Places limitées

Article 25 suite

« ...le nombre total d'aides-soignants ou d'auxiliaires de puériculture admis par cette voie est inclus dans le quota de l'institut de formation et ne peut excéder 20% de celui-ci. »

Cette nouvelle passerelle est soumise à un quota de places réservées. 20% des places ouvertes dans l'IFSI sont au maximum réservées.

En pratique, il suffit d'obtenir 15/30 à l'épreuve de sélection pour être admis. Mais attention, votre note vous classe parmi les candidats à cette dispense de scolarité et en fonction du nombre de places offertes, vous pouvez être admis, mais sans place à l'IFSI.

Il faut donc viser une excellente note à cette épreuve pour se mettre à l'abri d'une mauvaise surprise.

Exemple

Un IFSI offre 100 places d'étudiants en première année. 20% des places, soit 20 places sont attribuées pour les dispenses de scolarité AS/AP. Vous obtenez 14/20 et vous êtes classé 21e. Vous ne pourrez pas intégrer l'IFSI, sauf, si au moins un candidat classé devant vous se désiste.

Attention : **si vous êtes en liste complémentaire, vous avez la possibilité de solliciter une intégration dans n'importe quel IFSI, en transmettant une demande par courrier** *(Cf. article 20 de l'arrêté du 31 juillet 2009).*

Remarque : je suis AS ou AP et j'ai le Bac. Ai-je plutôt intérêt à passer le concours classique ? Rien ne vous interdit de passer par le concours classique. Mais, vous ne profiteriez pas de cette passerelle spécifique et notamment de l'article 26 ci-après. De plus, le concours classique, sans être plus difficile, reste plus aléatoire. L'épreuve qui vous est réservée fait appel à vos connaissances professionnelles de tous les jours et devrait vous faciliter la tâche. Vous ne pourrez pas passer les deux concours dans la mesure où les IFSI vont les organiser sur des dates et des périodes horaires communes.

7. Dispense de scolarité

Article 26

« Les aides-soignants et les auxiliaires de puériculture ayant réussi l'épreuve de sélection prévu à l'article 24 sont dispensés des unités d'enseignement correspondant à la compétence 3 du référentiel infirmier défini à l'annexe II « Accompagner une personne dans la réalisation de ses soins quotidiens » soit :
- UE 2.10.S1 « Infectiologie hygiène » ;
- UE 4.1.S1 « Soins de confort et de bien être » ;
- UE 5.1.S1 « Accompagnement dans la réalisation des soins quotidiens ».

Ils sont également dispensés du stage de 5 semaines prévu au premier semestre. Le temps dégagé par cette dispense de scolarité peut être consacré, après avis du conseil pédagogique, à favoriser l'adaptation de ces étudiants à la poursuite de leurs parcours. »

L'épreuve de sélection étant réussie, et votre classement vous permettant d'intégrer l'IFSI, vous allez bénéficier d'une dispense partielle de scolarité.

Trois unités d'enseignements correspondantes à la compétence 3 sont acquises.

Vous êtes dispensé du stage de 5 semaines prévu au premier semestre.

Remarque : est-ce que le temps libéré peut me permettre de travailler, par exemple, en tant qu'AS ou AP ? Non. Le temps dégagé sera mis à profit au sein de l'IFSI pour des activités d'intégration à la formation infirmière.

Chapitre 3
Dispense de formation infirmière

1. Dispense de scolarité

Trois unités d'enseignement correspondantes à la compétence 3 infirmière sont acquises. Il s'agit ni plus ni moins d'une validation de votre expérience professionnelle. On considère que ces contenus sont acquis.
Votre épreuve de sélection s'attachera à vérifier que les contenus sont effectivement acquis.

2. Formation infirmière : compétence 3

Compétence 3 : « Accompagner une personne dans la réalisation de ses soins quotidiens »

La notion de soin s'entend ici comme « Action ou ensembles d'actions qu'une personne accomplit pour se soigner ». Il s'agit des soins liés aux besoins de la vie quotidienne, en lien avec la notion d'auto-soin : « Action ou ensemble d'actions qu'une personne décide et accomplit pour elle-même en vue de maintenir, protéger, restaurer et promouvoir la santé ». (Dictionnaire des soins infirmiers, Masson 2005).

On parle bien des soins que la personne effectue elle-même et de l'aide que le soignant peut apporter dans ce cadre là.
En pratique, il s'agit des actes de la vie courante que vous êtes amené en tant qu'AS ou AP à accompagner.

> Il s'agit bien de la compétence 3 infirmière, mais en tant qu'AS ou AP vous n'avez réalisé que les actes de soins infirmiers prévus dans votre référentiel d'activités AS ou AP.

Retenez que votre réponse ne doit en aucun cas sortir du cadre légal de l'exercice professionnel AS ou AP.

Cette « Compétence 3 » vise à atteindre les objectifs suivants :

- 1. apprécier la capacité de la personne à réaliser les activités de la vie quotidienne et l'accompagner dans les soins en favorisant sa participation et celle de son entourage ;
- 2. adapter les soins quotidiens aux besoins de la personne, en tenant compte de ses ressources, ses déficiences ou ses handicaps ;
- 3. évaluer, anticiper et prévenir les risques liés à la diminution ou la perte de l'autonomie et à l'altération de la mobilité ;
- 4. adapter et sécuriser l'environnement de la personne ;
- 5. identifier des activités contribuant à mobiliser les ressources de la personne en vue d'améliorer ou de maintenir son état physique et psychique ;

- 6. évaluer l'évolution de la personne dans sa capacité à réaliser ses soins.

Vous constatez que ces objectifs sont en partie ceux que vous mettez en œuvre dans le cadre de votre profession AS ou AP.

Cette compétence est évaluée sur la base de critères et d'indicateurs.

- Les critères : « Qu'est-ce qui permet de dire que la compétence est maîtrisée ? Que veut-on vérifier ? »
- Les indicateurs : « Quels signes visibles peut-on observer ? Quels signes apportent de bonnes indications ? »

Critère 1	Adéquation des activités proposées avec les besoins et les souhaits de la personne.
Indicateurs 1	Les activités proposées prennent en compte les besoins de la personne. Les ressources de la personne sont mobilisées pour maintenir ou restaurer son autonomie.
Critère 2	Cohérence des modalités de réalisation des soins avec les règles de bonnes pratiques.
Indicateurs 2	La pudeur et l'intimité de la personne sont respectées. Les règles d'hygiène et de sécurité sont respectées. Les moyens mobilisés sont adaptés à la situation. Les conditions de bien-être, de confort et de qualité de vie de la personne sont vérifiées. Les principes d'ergonomie et de sécurité sont connus et appliqués dans les soins et les différentes activités. Les règles de l'hydratation et de la diététique sont connues et expliquées.
Critère 3	Pertinence dans l'identification des risques et adéquation des mesures de prévention.
Indicateurs 3	Les risques liés à la situation et la manière de les prévenir sont repérés et expliqués.

Il est important de retenir ces indicateurs car ils vous serviront à cibler vos réponses lors de l'épreuve du concours.

3. Unités d'Enseignement (UE) acquises

Les 3 unités d'enseignement acquises vont être le cœur des questions qui vous seront posées lors du concours. Ce sont des contenus que vous devez connaître.

Retenez les critères précisés ci-après. Vous serez dispensé en IFSI des évaluations portant sur ces trois unités d'enseignement (UE). Vous devrez, lors de votre concours spécifique, montrer que vos connaissances sur ces sujets sont maîtrisées.

Votre pratique professionnelle a normalement permis d'intégrer ces savoirs théoriques dans un contexte professionnel pratique. On attend de vous des réponses pertinentes et adaptées aux situations présentées.

3.1. UE 2.10.S1 : infectiologie, hygiène

3.1.1. Présentation

Cette unité fait partie de l'UE 2 « sciences biologiques et médicales ».
Unité placée au premier semestre, liée à la compétence 3, 20 heures de cours magistraux, 10 heures de travaux dirigés et 10 heures de travail personnel.

Cette unité apporte 2 ECTS (crédit de formation,) sur les 180 requis pour obtenir le diplôme d'État d'infirmier. Aucun prérequis n'est nécessaire.

3.1.2. Objectifs

- Décrire les mécanismes d'action des agents infectieux.
- Identifier les règles d'hygiène utilisées dans les établissements de soins et en argumenter l'usage.

Éléments de contenu

- Les agents infectieux :
  - les bactéries, virus, champignons, parasites, agents transmissibles non conventionnels ;
  - l'écologie microbienne.

- Les mécanismes d'action des agents infectieux sur l'organisme humain :
  - la relation hôte-agent infectieux, les modes de transmission, les facteurs de sensibilité, la notion de résistance.

- La structure générale du système immunitaire :
  - les lymphocytes et leurs modes d'action ;
  - l'action du système immunitaire, l'auto-immunité, les allergies, les déficits immunitaires, la compatibilité foeto-maternelle.

- Les infections afférentes aux soins :
  - épidémies, épidémies iatrogènes, coût des infections, impact social...

- Les règles d'hygiène :
  - hygiène hospitalière, hygiène des mains, habillage professionnel, circuits propres et sales dans les établissements des soins.

- Les moyens de lutte contre l'infection :
  - pré-désinfection, nettoyage, désinfection, décontamination, stérilisation ;
  - précautions standards et précautions complémentaires, isolement protecteur ;
  - protocoles d'hygiène ;
  - règles de fonctionnement à domicile ou en collectivité.

Ces contenus correspondent essentiellement au module 6 de la formation AS/AP.

Recommandations pédagogiques : cet enseignement vise à relier les connaissances scientifiques sur l'infectiologie aux mesures pratiques d'hygiène dans les soins. La compréhension des mécanismes de l'infection, qui seront repris dans l'UE 2.5.S.3 en lien avec les processus inflammatoires et infectieux, leur donne une approche structurée de la transmission infectieuse et des moyens d'y pallier.
La place de cette UE, en premier semestre, permet de donner à l'étudiant les règles d'hygiène nécessaires à son arrivée en stage.
Les liens avec les règles en matière de prescription sont faits et approfondis dans les UE 2.11. S1, UE 2.11.S.3 et UE 2.11.S5 Pharmacologie et thérapeutiques.

Vous n'êtes pas concerné de suite par les liens faits durant la formation infirmière. Cela vous concernera quand vous serez en formation en IFSI.

3.2. UE 4.1.S1 : soins de confort et de bien-être

3.2.1. Présentation

Cette unité fait partie de l'UE 4 « sciences et techniques infirmières, interventions ».

Unité placée au premier semestre, liée à la compétence 3, 6 heures de cours magistraux, 34 heures de travaux dirigés et 10 heures de travail personnel.

Cette unité apporte 2 ECTS (crédit de formation) sur les 180 requis pour obtenir le diplôme d'État d'infirmier. Aucun prérequis n'est nécessaire.

3.2.2. Objectifs

- Appréhender les concepts fondamentaux permettant une vision intégrée de la personne lors de la réalisation des soins de proximité.
- Identifier le caractère singulier de l'expérience vécue par la personne en situation de dépendance lors de la réalisation de ses soins quotidiens.
- Développer une attention au confort et au bien être de chaque personne.
- Réaliser des activités et des soins d'hygiène et confort adaptés aux besoins et aux souhaits de la ou des personnes et conformes aux bonnes pratiques.

Éléments de contenu

- Concepts de bien-être selon les contextes et les cultures : dignité, pudeur, intimité.
- Principes de base et valeurs des soins infirmiers : autonomie, dépendance, secret professionnel...
- Besoins fondamentaux et attentes de la personne.
- Soins quotidiens confort et bien être.
- Hygiène générale.
- Équilibre alimentaire.
- Prévention des escarres.
- Lever et aide à la mobilisation.
- Ergonomie dans les soins.
- Bonnes pratiques et sécurité dans les soins.

Ces contenus correspondent à des contenus retrouvés dans tous les modules de la formation AS/AP.

Recommandations pédagogiques : cette UE correspond aux savoirs enseignés lors de la formation menant au diplôme d'infirmier.
Les méthodes pédagogiques sont actives, la liste des soins enseignés de manière obligatoire correspond au rôle défini par l'article du code de la santé publique : R. 4311-5.
Le contenu de cet enseignement correspond à un niveau enseigné lors du premier semestre de formation. Ce contenu sera réactivé durant toute la formation à partir des savoirs enseignés ultérieurement.
Les soins de confort et de bien-être sont réalisés en stage et validés sur le portfolio.

Vous êtes AS ou AP et on considère que vous maîtrisez votre programme de formation. Appuyez-vous sur votre pratique en veillant à ce que celle-ci corresponde bien aux règles en vigueur.

3.3. UE 5.1.S1 : accompagnement de la personne dans la réalisation de ses soins quotidiens

3.3.1. Présentation

Cette unité fait partie de l'UE 5 « intégration des savoirs et posture professionnelle infimière ».

Unité placée au premier semestre, liée à la compétence 3, 0 heure de cours magistraux, 35 heures de travaux dirigés et 15 heures de travail personnel.

Cette unité apporte 2 ECTS (crédit de formation) sur les 180 requis pour obtenir le diplôme d'État d'infirmier. Les prérequis sont les unités UE 2.10.S1 Infectiologie, hygiène et UE 4.1.S1 Soins de confort et de bien être vues précédemment.

3.3.2. Objectifs

- Apprécier la capacité de la personne à réaliser les activités de la vie quotidienne et l'accompagner dans les soins en favorisant sa participation et celle de son entourage.
- Adapter les soins quotidiens aux besoins de la personne, en tenant compte de ses ressources, ses déficiences ou ses handicaps.
- Évaluer, anticiper et prévenir les risques liés à la diminution ou la perte de l'autonomie et à l'altération de la mobilité.
- Adapter et sécuriser l'environnement de la personne.
- Identifier des activités contribuant à mobiliser les ressources de la personne en vue d'améliorer ou de maintenir son état physique et psychique.
- Évaluer l'évolution de la personne dans sa capacité à réaliser ses soins.

Éléments de contenu

- Étude de situations professionnelles en lien avec les éléments de la compétence et les savoirs développés dans les unités d'enseignement du semestre S1.

Nous sommes très clairement dans le contenu même de votre concours. Les données présentées dans les unités précédentes sont mises en relation dans des contextes professionnels.

Recommandations pédagogiques : les situations étudiées sont choisies dans le contexte de la pratique professionnelle. Elles sont en lien avec les objectifs attendus de l'UE et correspondent aux savoirs acquis ou susceptibles d'être acquis à ce moment de la formation par l'étudiant.
Le formateur propose des études de situation en présentant les éléments de la situation et son contexte. Il suscite le questionnement chez l'étudiant et guide celui-ci dans la recherche des informations qui lui permettront d'agir dans la situation. Enfin il travaille sur les éléments qui seront transférables dans d'autres situations.
L'étudiant présente également des situations qui mobilisent ses savoirs et lui permettent d'en acquérir de nouveaux. Il propose de mettre en place des actions ou des soins et transpose les éléments de son apprentissage dans d'autres situations évoquées par le formateur.
Lors de cette UE, l'étudiant mesure ce qui lui manque pour acquérir l'ensemble des savoirs et savoir-faire qu'il peut acquérir lors du stage. Le formateur aide à faire des liens dans cette démarche d'analyse.

Partie 2

Prérequis professionnels AS/AP

Chapitre 4 : Rappels sur les professions AS/AP

Chapitre 4
Rappels sur les professions AS/AP

1. Introduction et historique

Les réponses demandées lors de ce concours spécifique doivent absolument respecter le cadre juridique encadrant les professions AS et AP.

Même si en pratique, on peut observer quelques débordements dans la réalisation de certains actes, il est vivement déconseiller de l'écrire sur sa copie. Il est donc impératif de bien connaître ses limites professionnelles et de s'y tenir.

Le métier d'aide-soignant est né officiellement le 23 janvier 1956 avec la création du certificat d'aptitude aux fonctions d'aide-soignant, le CAFAS.

Le premier programme de l'enseignement aide-soignant est établi par circulaire le 27 mai 1957. Le 22 octobre 2005, le nouveau référentiel de formation permettant d'obtenir le diplôme professionnel d'aide-soignant est défini. On reconnaît l'expérience professionnelle par le dispositif de Validation des Acquis de l'Expérience (VAE).

Le 31 août 2007 on parle dorénavant de diplôme d'État d'aide-soignant. Ce texte précise que tous les titulaires du CAFAS ou du DPAS doivent être considérés comme des DE AS.

> Le concours spécifique n'est donc pas réservé aux seuls titulaires du récent DE AS.

Un arrêté du 19 février 2010 modifie l'arrêté du 25 janvier 2005 relatif à la VAE pour l'obtention du DE AS. Le terme DE AS est maintenant présent dans tous les textes réglementaires.

2. Formations AS et AP

La réingéniérie des diplômes paramédicaux, c'est à dire la refonte des formations à ces diplômes a entraîné une certaine uniformisation des formations.

On parle de référentiels :

- d'activités : le descriptif des activités menées par les titulaires du diplôme ;
- de compétences : le descriptif des compétences requises pour exercer les activités liées au diplôme ;
- de formation : l'ensemble des modalités d'obtention du diplôme.

Vous êtes invité à prendre connaissance ou à revoir les référentiels associés aux diplômes AS et AP. Cela vous permettra de retrouver ultérieurement les contenus de formation dont vous aurez besoin.

<table>
<tr><th>Formation AS</th><th>Formation AP</th></tr>
<tr><td>La formation aide-soignante est précisée dans le titre II de l'arrêté du 22 octobre 2005 relatif à la formation conduisant au diplôme d'État d'aide-soignant.</td><td>La formation auxiliaire de puériculture est précisée dans le titre II de l'arrêté du 16 janvier 2006 relatif à la formation conduisant au diplôme d'État d'auxiliaire de puériculture.</td></tr>
<tr><td colspan="2">• La durée de formation est de 1435 heures, généralement réparties sur une année.
• Il s'agit d'enseignements théoriques (cours) et cliniques (stages). La formation s'effectue en alternance entre l'institut de formation et les terrains de stage.
• L'enseignement comprend huit modules dispensés sous forme de cours magistraux, de travaux dirigés, de travaux de groupe et de séances d'apprentissages pratiques et gestuels.
• Les modules 1 à 6 associent les enseignements en institut et sur le terrain. Les modules 7 et 8 sont enseignés en institut.
• L'enseignement en stage est réalisé en milieu professionnel, que ce soit dans le secteur sanitaire, social ou médico-social, en établissement ou à domicile, et comprend six stages.
• La rentrée scolaire est fixée dans la première semaine de septembre et pour certains instituts dans la première semaine de janvier. Un institut peut proposer deux rentrées décalées (septembre et janvier).
• Sur l'initiative de l'institut la formation peut être suivie de façon discontinue sur une durée maximale de deux ans.
• Dans quelques cas particuliers les élèves peuvent être dispensés de certains enseignements.</td></tr>
<tr><td>Pour les titulaires du diplôme d'État d'auxiliaire de puériculture, il y a dispense des unités de formation 2, 4, 5, 6, 7 et 8 ainsi que des épreuves de sélection.
Tous les stages se déroulent auprès d'adultes, dont un au moins auprès de personnes âgées.

Pour les titulaires du diplôme d'État d'ambulancier, il y a dispense des unités de formation 2, 4, 5 et 7 ainsi que des épreuves de sélection.
Tous les stages se déroulent auprès d'adultes, dont un au moins auprès de personnes âgées.

Pour les titulaires du diplôme d'État d'auxiliaire de vie sociale ou de la mention complémentaire aide à domicile, il y a dispense des unités de formation 1, 4, 5 et 7 ainsi que des épreuves de sélection.
Tous les stages se déroulent au sein du secteur hospitalier, un en médecine ou chirurgie, un auprès de personnes âgées ou handicapées, un en santé mentale ou en psychiatrie et un au choix, en fonction du projet professionnel de l'élève.
Pour les titulaires du diplôme d'État d'aide médico-psychologique, il y a dispense des unités de formation 1, 4, 5, 7 et 8 ainsi que des épreuves de sélection.
Tous les stages se déroulent au sein du secteur hospitalier, un en médecine ou chirurgie, un auprès de personnes âgées ou handicapées et un au choix, en fonction du projet professionnel de l'élève.</td><td>Pour les titulaires du diplôme d'État d'aide soignant, il y a dispense des unités de formation 2, 4, 5, 6, 7 et 8.
Ils doivent suivre les modules 1 et 3. Tous les stages se déroulent auprès d'enfants de moins de six ans, dont un dans un établissement ou dans un service accueillant des enfants malades.

Pour les titulaires du diplôme d'État d'auxiliaire de vie sociale ou de la mention complémentaire aide à domicile, il y a dispense des unités de formation 4, 5 et 7.
Ils doivent suivre les modules 1, 2, 3, 6 et 8 et les stages associés.

Pour les titulaires du diplôme d'État d'aide médico-psychologique, il y a dispense des unités de formation 4, 5, 7 et 8.
Ils doivent suivre les modules 1, 2, 3 et 6 et les stages associés.</td></tr>
</table>

Pour les titulaires du titre professionnel d'assistant(e) de vie aux familles, il y a dispense des unités de formation 1, 4 et 5 ainsi que des épreuves de sélection. Tous les stages se déroulent au sein du secteur hospitalier, un en médecine ou chirurgie, un auprès de personnes âgées ou handicapées, un en santé mentale ou en psychiatrie et un au choix, en fonction du projet professionnel de l'élève.	

3. Certifications AS et AP

Formation AS	Formation AP
La certification de la formation aide-soignante est précisée dans le titre III de l'arrêté du 22 octobre 2005 relatif à la formation conduisant au diplôme d'État d'aide-soignant.	La certification de la formation auxiliaire de puériculture est précisée dans le titre III de l'arrêté du 16 janvier 2006 relatif à la formation conduisant au diplôme d'État d'auxiliaire de puériculture.
• L'évaluation des compétences acquises par les élèves est effectuée tout au long de l'année. • La composition du jury répond à différents critères. • Les candidats qui ont validé l'ensemble des compétences liées à l'exercice du métier, sont déclarés reçus au diplôme d'État correspondant. • La liste des candidats reçus au diplôme d'État est établie par le jury. • Celui-ci ne peut ajourner un candidat sans avoir consulté son dossier d'évaluation continue. • La publication des résultats doit intervenir au plus tard le 15 juillet pour les élèves entrés en formation en septembre de l'année précédente ou au plus tard le 20 décembre pour les élèves entrés en formation en janvier de la même année. • Si un élève ne remplit pas les conditions de validation il est invité à se présenter à une épreuve de rattrapage. • Le rattrapage est organisé dans l'année de formation ou, pour les personnes, en cursus partiel dans les trois mois qui suivent la première évaluation. • En cas d'échec à cette épreuve de rattrapage il a cinq ans pour valider le ou les modules concernés (y compris les stages). Au-delà, il perd le bénéfice des autres enseignements et validations, ainsi que celui des épreuves de sélection.	
L'obtention du diplôme d'État d'aide-soignant est accordée sur demande aux étudiants infirmiers, titulaires de l'attestation de formation aux gestes d'urgence niveau 2, ayant validé l'entrée en deuxième année, en arrêt de formation infirmière ou en échec aux épreuves du diplôme d'État d'infirmier.	Le diplôme d'État d'auxiliaire de puériculture est délivré par le préfet de région dans laquelle l'étudiant a accompli sa formation, sur leur demande et sous certaines conditions, aux étudiants sages-femmes titulaires de l'attestation de formation aux gestes et soins d'urgence de niveau 2 en cours de validité qui, après avoir été admis en deuxième année, ont interrompu leurs études, soit en cours de formation, soit à l'issue d'un échec au diplôme d'État.

4. Professions AS et AP

Profession AS

- L'aide-soignant(e) exerce son activité sous la responsabilité de l'infirmier, dans le cadre du rôle qui relève de l'initiative de celui-ci, le rôle dit propre. L'infirmier peut mettre en œuvre les soins du rôle propre de sa propre initiative contrairement aux soins du rôle prescrit nécessitant une prescription médicale.
- La liste des actes infirmiers est disponible dans le Code de la santé publique (cette liste devrait subir prochainement des modifications importantes de présentation).
- L'aide-soignant(e) réalise des soins liés aux fonctions d'entretien et de continuité de la vie visant à compenser partiellement ou totalement un manque ou une diminution de l'autonomie de la personne ou d'un groupe de personnes.
- On parle d'approche globale de la personne ou d'un groupe de personnes.
- L'aide-soignant(e) accompagne cette personne dans les activités de sa vie quotidienne, il contribue à son bien être et à lui faire recouvrer, dans la mesure du possible, son autonomie.
- L'aide-soignant(e) participe, au sein d'une équipe pluridisciplinaire, dans la limite de ses compétences, aux soins infirmiers préventifs, curatifs ou palliatifs.
- Dispenser, dans le cadre du rôle propre de l'infirmier, en collaboration avec lui et sous sa responsabilité, des soins de prévention, de maintien, de relation et d'éducation à la santé pour préserver et restaurer la continuité de la vie, le bien être et l'autonomie de la personne.
- Activités principales :
  - 1. Dispenser des soins d'hygiène et de confort à la personne ;
  - 2. Observer la personne et mesurer les principaux paramètres liés à son état de santé ;
  - 3. Aider l'infirmier à la réalisation de soins ;
  - 4. Assurer l'entretien de l'environnement immédiat de la personne et la réfection des lits ;
  - 5. Entretenir des matériels de soin ;
  - 6. Transmettre ses observations par oral et par écrit pour maintenir la continuité des soins ;
  - 7. Accueillir, informer et accompagner les personnes et leur entourage ;
  - 8. Accueillir et accompagner des stagiaires en formation.
- Depuis le 31 août 2007, le Code de la santé publique reprend l'appellation de « diplôme d'État d'aide-soignant » modifiant l'ensemble des textes en conséquences.

Profession AP

- L'auxiliaire de puériculture exerce sous la responsabilité de l'infirmier ou de la puéricultrice. Ses activités se situent dans le cadre du rôle qui relève de l'initiative de l'infirmier, relatifs aux actes professionnels et à l'exercice de la profession d'infirmier.
- L'auxiliaire de puériculture réalise des activités d'éveil et des soins visant au bien-être, à l'autonomie et au développement de l'enfant. Son rôle s'inscrit dans une approche globale de l'enfant et prend en compte la dimension relationnelle des soins ainsi que la communication avec la famille dans le cadre du soutien à la parentalité. L'auxiliaire de puériculture participe à l'accueil et à l'intégration sociale d'enfants porteurs de handicap, atteints de maladies chroniques, ou en situation de risque d'exclusion.
- L'auxiliaire de puériculture travaille le plus souvent dans une équipe pluri professionnelle et dans des structures sanitaires ou sociales.
- Après le diplôme d'auxiliaire de puériculture, il est possible de s'orienter vers une formation d'éducateur de jeunes enfants.
- Après 3 ans d'expériences professionnelles, il est possible de se présenter aux concours d'entrée en institut de formation en soins infirmiers.

- Activités principales :
  - s'occuper des bébés :
    . dans une maternité ou un centre hospitalier, l'auxiliaire de puériculture donne les soins courants aux nouveau-nés ou aux enfants en bas âge. Elle surveille leur courbe de poids et de température, veille à leur hygiène, prépare les biberons. Elle accompagne aussi la maman dans son apprentissage des soins au bébé. Enfin, c'est elle qui assure l'entretien de la chambre de l'enfant et du matériel utilisé.
  - conseiller les mamans :
    . dans un centre de Protection Maternelle et Infantile (PMI), elle accueille les futures mères et les jeunes mamans avec leurs bébés. Elle assiste aux consultations données par le médecin, gère les dossiers et effectue, aux côtés de la puéricultrice, des visites dans les familles pour conseiller les jeunes mamans.
  - apprendre l'autonomie :
    . dans une crèche, le rythme de l'auxiliaire de puériculture suit celui des enfants. Elle veille à leur hygiène et à leur alimentation, apprend l'autonomie aux plus grands. L'organisation de jeux et d'activités d'éveil constitue un autre pôle important de son travail. Il permet de développer la socialisation de l'enfant avant son entrée à l'école.
- Depuis le 31 août 2007, le Code de la santé publique reprend l'appellation de « diplôme d'État d'auxiliaire de puériculture » modifiant l'ensemble des textes en conséquence.

5. Compétences AS et AP

Les compétences sont regroupées par unité.

Définition d'une compétence : pour Guy Le Boterf les compétences sont les résultantes de trois facteurs : le savoir agir qui « suppose de savoir combiner et mobiliser des ressources pertinentes », le vouloir agir qui se réfère à la motivation de l'individu et au contexte plus ou moins incitatif, le pouvoir agir qui « renvoie à l'existence d'un contexte, d'une organisation de travail, de choix de management, de conditions sociales qui rendent possibles et légitimes la prise de responsabilité et la prise de risques de l'individu ».

Unité 1
Compétences AS
• Accompagner une personne dans les actes essentiels de la vie quotidienne en tenant compte de ses besoins et de son degré d'autonomie. • Savoir-faire : - identifier les besoins essentiels de la personne et prendre en compte sa culture, ses habitudes de vie, ses choix et ceux de sa famille ; - repérer l'autonomie et les capacités de la personne ; - apporter son aide pour la toilette, l'habillage, la prise de repas, l'élimination et le déplacement en l'adaptant aux besoins et aux capacités de la personne et en respectant les règles d'hygiène et de pudeur ; - stimuler la personne, lui proposer des activités contribuant à maintenir son autonomie et à créer du lien social.
Compétences AP
• Accompagner un enfant dans les activités d'éveil et de la vie quotidienne et les parents dans leur rôle éducatif : - identifier les manifestations liées aux besoins essentiels de l'enfant en fonction de son âge et prendre en compte sa culture, ses habitudes de vie, ses choix et ceux de ses parents ou de sa famille ;

- repérer les capacités psychomotrices et psycho-affectives de l'enfant ainsi que son degré d'autonomie en lien avec son niveau de développement et ses potentialités ;
- apporter son aide pour la toilette, l'habillage, la prise de repas, l'élimination et la mobilité en l'adaptant aux besoins et aux capacités de l'enfant et en respectant les règles d'hygiène, de pudeur et de sécurité ;
- proposer, initier, animer et adapter des activités d'éveil et des jeux pour favoriser le développement et l'autonomie de l'enfant et faciliter sa sociabilisation ;
- aménager des espaces de jeux, d'activités, de sommeil, de temps libre en favorisant l'autonomie de l'enfant ;
- repérer les réactions de l'enfant avec sa famille et les réponses apportées par les parents ;
- aider, accompagner et conforter les parents dans leur rôle éducatif, les associer aux soins en développant leur autonomie.

Unité 2

Compétences AS

- Apprécier l'état clinique d'une personne.
- Savoir-faire :
  - observer la personne et apprécier les changements de son état clinique ;
  - identifier les signes de détresse et de douleur ;
  - mesurer les paramètres vitaux en utilisant les outils spécifiques et réaliser les courbes de surveillance ;
  - identifier les anomalies au regard des paramètres habituels liés aux âges de la vie ;
  - identifier les risques liés à la situation de la personne ;
  - discerner le caractère urgent d'une situation et alerter.

Compétences AP

- Apprécier l'état clinique d'une personne à tout âge de la vie.
- Dans le cadre du rôle propre de l'infirmier, en collaboration avec lui et sous sa responsabilité, être capable de :
  - apprécier les changements dans l'état clinique et le comportement de la personne en relation avec son âge et son évolution ;
  - identifier les signes de détresse et de mal-être ;
  - identifier et mesurer la douleur ;
  - mesurer les paramètres vitaux en utilisant les outils spécifiques, les échelles de mesure et réaliser les courbes de surveillance ;
  - identifier les anomalies au regard des paramètres habituels liés aux âges de la vie ;
  - identifier les risques liés aux situations spécifiques de l'enfant, de la personne âgée, de la personne handicapée, de la personne dépendante ;
  - discerner le caractère urgent d'une situation et alerter ;
  - repérer les risques de maltraitance et alerter.

Unité 3

Compétences AS

- Réaliser des soins adaptés à l'état clinique de la personne.
- Savoir-faire :
  - rechercher les informations sur les précautions particulières à respecter lors du soin ;
  - identifier et appliquer les règles d'hygiène et de sécurité associées aux soins à la personne ;
  - organiser l'activité de soin en fonction de l'environnement et de la personne ;
  - choisir le matériel approprié au soin ;
  - réaliser les soins dans le respect de la personne, de son autonomie, de son intimité et en tenant compte, des appareillages et matériels d'assistance médicale : soins liés à l'hygiène corporelle et au confort, à l'alimentation, à l'élimination, au sommeil et aide de l'infirmier à la réalisation de soins *(Cf. Le référentiel d'activités du DPAS, activités 1 et 3)* ;
  - adapter les modalités de réalisation du soin à l'état de la personne et à ses habitudes de vie ;
  - évaluer la qualité du soin réalisé et réajuster, le cas échéant.

Compétences AP

- Réaliser des soins adaptés à l'état clinique de l'enfant.
- Dans le cadre du rôle propre de l'infirmier, en collaboration avec lui et sous sa responsabilité, être capable de :
  - sélectionner les informations relatives à la situation de vie concernant les enfants ;
  - rechercher les informations sur les précautions particulières à respecter lors des soins ;
  - identifier et appliquer les règles d'hygiène et de sécurité associées aux soins à l'enfant ;
  - organiser l'activité de soin en fonction de l'enfant, de la présence de ses parents et de l'environnement ;
  - choisir le matériel approprié au soin ;
  - réaliser les soins dans le respect de l'enfant, de son autonomie, de son intimité et en tenant compte, des appareillages et matériels d'assistance médicale : soins liés à l'hygiène corporelle et au confort, à l'alimentation, à l'élimination, au sommeil ;
  - adapter ses interventions lors de la réalisation de soins avec l'infirmier, la puéricultrice ou la sage-femme ;
  - adapter les modalités de réalisation du soin à l'état de l'enfant, à son âge et à ses habitudes de vie ;
  - apprécier le bon déroulement du soin et réajuster le cas échéant.

Unité 4

Compétences AS

- Utiliser les techniques préventives de manutention et les règles de sécurité pour l'installation et la mobilisation des personnes (il s'agit des activités d'installation et de mobilisation qui ne font pas appel aux techniques de rééducation).
- Savoir-faire :
  - identifier et appliquer les principes d'ergonomie et de manutention lors des mobilisations, des aides à la marche et des déplacements ;
  - identifier et appliquer les règles de sécurité et de prévention des risques, notamment ceux liés aux pathologies et à l'utilisation du matériel médical ;
  - installer la personne en tenant compte de ses besoins, de sa pathologie, de son handicap, de sa douleur et des différents appareillages médicaux.

Compétences AP

- Utiliser les techniques préventives de manutention et les règles de sécurité pour l'installation et la mobilisation des personnes.
- Être capable de :
  - identifier et appliquer les principes d'ergonomie et de manutention notamment lors des mobilisations, des aides à la marche, des déplacements et des transports de matériel ;
  - identifier et appliquer les règles de sécurité et de prévention des risques, notamment ceux liés aux pathologies, à l'utilisation du matériel médical et aux accidents domestiques ;
  - installer la personne en tenant compte de ses besoins, de sa pathologie, de son handicap, de sa douleur et des différents appareillages médicaux ;
  - aménager un espace sécurisé et sécurisant pour une personne ou un groupe.

Unité 5

Compétences AS

- Établir une communication adaptée à la personne et à son entourage
- Savoir-faire :
  - écouter la personne et son entourage et prendre en compte les signes non verbaux de communication sans porter de jugement ;
  - s'exprimer et échanger en adaptant son niveau de langage, dans le respect de la personne et avec discrétion ;
  - expliquer le soin réalisé, les raisons d'un geste professionnel et apporter des conseils sur les actes de la vie courante ;

- faire exprimer les besoins et les attentes de la personne, les reformuler et proposer des modalités adaptées de réalisation du soin ;
- apporter des informations pratiques adaptées lors de l'accueil dans le service dans le respect du règlement intérieur ;
- identifier les limites de son champ d'intervention dans des situations de crise, de violence en prenant du recul par rapport à la personne et à sa situation.

Compétences AP

- Établir une communication adaptée à la personne et à son entourage.
- Être capable de :
  - écouter la personne et son entourage et prendre en compte les signes non verbaux de communication sans porter de jugement ;
  - s'exprimer et échanger en adaptant son niveau de langage, dans le respect de la personne et avec discrétion ;
  - expliquer le soin réalisé, les raisons d'un geste professionnel et apporter des conseils sur les actes de la vie courante ;
  - faire exprimer les besoins et les attentes de la personne, les reformuler et proposer des modalités adaptées de réalisation du soin ;
  - apporter des informations pratiques adaptées lors de l'accueil dans le service dans le respect du règlement intérieur ;
  - identifier les limites de son champ d'intervention dans des situations de crise, de violence en sachant prendre une distance juste et efficace par rapport à la personne et à sa situation ;
  - repérer les comportements en groupe et proposer des interventions adaptées ;
  - adapter son mode de relation : toucher, contact visuel ou parole à la situation de la personne.

Unité 6

Compétences AS

- Utiliser les techniques d'entretien des locaux et du matériel spécifique aux établissements sanitaires, sociaux et médico-sociaux.
- Savoir-faire :
  - identifier et choisir le matériel et les produits appropriés ;
  - doser et utiliser les produits en fonction des procédures et des fiches techniques ;
  - utiliser les techniques de nettoyage appropriées, notamment pour lutter contre les infections nosocomiales, en appliquant les protocoles et les règles d'hygiène et de sécurité ;
  - identifier et respecter les circuits d'entrée, de sortie et de stockage du linge, des matériels et des déchets ;
  - installer le mobilier et le matériel de la chambre en l'adaptant à l'état de la personne ;
  - utiliser les techniques de rangement et de stockage adaptées ;
  - apprécier l'efficacité des opérations d'entretien et identifier toute anomalie ;
  - repérer toute anomalie dans le fonctionnement des appareils médicaux et alerter.

Compétences AP

- Utiliser les techniques d'entretien des locaux et du matériel spécifique aux établissements sanitaires, sociaux et médico-sociaux.
- Être capable de :
  - identifier et choisir le matériel et les produits appropriés ;
  - doser et utiliser les produits en fonction des procédures et des fiches techniques ;
  - utiliser les techniques de nettoyage appropriées pour lutter contre les infections, notamment nosocomiales, en appliquant les protocoles et les règles d'hygiène et de sécurité ;
  - appliquer les principes d'hygiène dans les lieux de vie collectifs visant à prévenir les infections ;

- identifier et respecter les circuits d'entrée, de sortie et de stockage du linge, des matériels et des déchets ;
- installer le mobilier et le matériel de la chambre en l'adaptant à l'état de la personne ;
- utiliser les techniques de rangement et de stockage adaptées ;
- apprécier l'efficacité des opérations d'entretien et identifier toute anomalie ;
- repérer toute anomalie dans le fonctionnement des appareils bio-médicaux et alerter.

Unité 7

Compétences AS

- Rechercher, traiter et transmettre les informations pour assurer la continuité des soins.
- Savoir-faire :
  - identifier et rechercher les informations nécessaires sur les précautions particulières à respecter lors d'un soin et permettant de prendre en compte la culture du patient, ses goûts, son régime… ;
  - transmettre les informations liées à la réalisation du soin et alerter en cas d'anomalie par oral, par écrit ou en utilisant les outils informatisés ;
  - s'exprimer au sein de l'équipe de soin en utilisant un langage et un vocabulaire professionnel ;
  - renseigner des documents assurant la traçabilité des soins en appliquant les règles ;
  - rechercher et organiser/hiérarchiser l'information concernant le patient ;
  - discerner les informations à transmettre dans le respect des règles déontologiques et du secret professionnel.

Compétences AP

- Rechercher, traiter et transmettre les informations pour assurer la continuité des soins.
- Être capable de :
  - identifier et rechercher les informations nécessaires sur les précautions particulières à respecter lors d'un soin ou d'une activité ;
  - rechercher, organiser et hiérarchiser l'information concernant la personne et son entourage et permettant de prendre en compte sa culture, ses habitudes de vie, ses goûts, son régime… ;
  - transmettre les informations liées à la réalisation du soin ou de l'activité et alerter en cas d'anomalie par oral, par écrit ou en utilisant les outils informatisés ;
  - s'exprimer au sein de l'équipe en utilisant un langage et un vocabulaire professionnel ;
  - renseigner des documents assurant la traçabilité des soins et des activités en appliquant les règles ;
  - discerner les informations à transmettre dans le respect des règles déontologiques et du secret professionnel.

Unité 8

Compétences AS

- Organiser son travail au sein d'une équipe pluriprofessionnelle.
- Savoir-faire :
  - identifier son propre champ d'intervention, en particulier au regard des compétences infirmières ;
  - organiser sa propre activité au sein de l'équipe en tenant compte de la planification de l'ensemble des activités du service et dans le respect des règles d'hygiène ;
  - utiliser les outils de planification du service pour organiser sa propre activité.

Compétences AP

- Organiser son travail dans une équipe pluriprofessionnelle.
- Être capable de :
  - identifier son propre champ d'intervention en particulier au regard des compétences infirmières et des autres professionnels ;
  - organiser sa propre activité au sein de l'équipe en tenant compte de la planification de l'ensemble des activités du service ;
  - organiser et prioriser son activité pour répondre aux besoins d'un groupe de personnes ;
  - utiliser les outils de planification du service pour organiser sa propre activité ;
  - contribuer à l'élaboration des projets de soins et/ou des projets éducatifs.

6. Formation AS ou AP

Nous vous invitons à reprendre les enseignements dispensés au cours de votre formation initiale, enrichis des mises à jour et des compléments actualisés de formation. Ces enseignements font partie des prérequis et pourront être sollicités pour votre épreuve de sélection en IFSI.

6.1. Généralités

Les formations aide-soignante et auxiliaire de puériculture sont dispensées dans des instituts ou établissements agréés par le Ministère de la santé via les Agences Régionales de Santé (ARS).

Vous devez connaître le déroulement et les contenus de la formation aide-soignante ou auxiliaire de puériculture. Seuls les actes enseignés au cours de la formation peuvent être effectués en pratique.

Durée de la formation : 10 mois avec 41 semaines, soit 1435 heures.

La formation en Institut comporte 17 semaines (soit 595 heures) avec cours magistraux et travaux pratiques. La formation en stage comporte 24 semaines (soit 840 heures) découpées en six stages.

Les enseignements communs aux deux diplômes sont :

- Module 2 : L'état clinique d'une personne. Plus stage de 4 semaines ;
- Module 4 : Ergonomie, 1 semaine. Plus stage de 2 semaines ;
- Module 5 : Relation, communication, 2 semaines. Plus stage de 4 semaines ;
- Module 6 : Hygiène des locaux, 1 semaine. Stage de 2 semaines ;
- Module 7 : Transmission des informations, 1 semaine. Pas de stage ;
- Module 8 : Organisation du travail, 1 semaine. Pas de stage.

Les enseignements spécifiques aides-soignants :

- Module 1 : Accompagnement d'une personne dans les activités de la vie quotidienne, 4 semaines. Plus stage de 4 semaines ;
- Module 3 : Les soins à l'adulte, 5 semaines. Plus stage de 8 semaines.

Les enseignements spécifiques auxiliaires de puériculture :

- Module 1 : Accompagnement d'un enfant dans les activités d'éveil et de la vie quotidienne, 5 semaines. Plus stage de 6 semaines ;
- Module 3 : Les soins à l'enfant, 4 semaines. Plus stage de 6 semaines.

6.2. Référentiels de formation AS

6.2.1. Module 1 • Accompagnement d'une personne

(...dans les activités de la vie quotidienne)

Compétence : accompagner une personne dans les actes essentiels de la vie quotidienne en tenant compte de ses besoins et de son degré d'autonomie.

Objectifs de formation : dans le cadre du rôle propre de l'infirmier, en collaboration avec lui et sous sa responsabilité, être capable de :

- identifier les besoins essentiels de la personne et prendre en compte sa culture, ses habitudes de vie, ses choix et ceux de sa famille ;

- repérer l'autonomie et les capacités de la personne ;
- apporter son aide pour la toilette, l'habillage, la prise de repas, l'élimination et le déplacement en l'adaptant aux besoins et aux capacités de la personne et en respectant sa pudeur et les règles d'hygiène ;
- stimuler la personne, lui proposer des activités contribuant à maintenir son autonomie et à créer du lien social.

Savoirs associés

- La personne :
  - les cycles de la vie ;
  - le développement psychosocial de l'homme : enfance, adolescence, âge adulte et vieillesse ;
  - les besoins fondamentaux et les actes essentiels de la vie quotidienne ;
  - la famille, le groupe social, les groupes d'appartenance, le lien social ;
  - les religions, les croyances et les valeurs.
- L'autonomie :
  - les formes de l'autonomie : physique, psychique, sociale et juridique ;
  - autonomie et droits des patients ;
  - dépendance, déficience et handicap ;
- La santé :
  - définitions (OMS…) ;
  - santé publique : politique de santé et actualités sur les plans de santé publique ;
  - la prévention : prévention des risques liés à une alcoolisation fœto-maternelle ;
  - les risques biologiques (NRBC) : conduite à tenir et gestes à éviter ;
  - les risques sanitaires ;
  - le système de santé français.
- Le soin :
  - les conceptions du soin : prendre soin, faire des soins, avoir soin ;
  - l'accompagnement ;
  - le rôle de soignant.
- L'analyse de la situation d'une personne :
  - définition ;
  - les étapes méthodologiques.
- Les règles d'hygiène, de sécurité et de confort dans les activités de la vie quotidienne.
- Pratiques :
  - le lavage simple des mains ;
  - aide à l'hygiène corporelle :
    - la toilette ;
    - la toilette génitale non stérile ;
    - l'hygiène dentaire ;
    - lavage des cheveux et coiffage, rasage ;
    - entretien des ongles.
  - aide à l'habillage et au déshabillage ;
  - aide à la mobilisation et à l'installation de la personne :
    - organisation de l'espace et de l'environnement pour faciliter l'autonomie ;
    - mise à disposition de matériel adapté (cannes, déambulateur, fauteuil roulant…) ;
    - installation au lit, au fauteuil, à la table.
  - aide à l'hygiène et l'équilibre alimentaire :
    - préparation et conservation des repas ;
    - prise du repas : conseils à la personne sur le choix des aliments appropriés à ses goûts et à sa culture, prévention des fausses routes et lutte contre la déshydratation.
  - aide au sommeil :
    - installation de la personne pour le repos et le sommeil en assurant sa sécurité et son confort ;

  . les conditions favorables à l'endormissement : atmosphère calme, lutte contre les nuisances, aération de la chambre.
- aide à l'élimination :
  . installation de la personne pour permettre l'élimination urinaire et fécale ;
  . pose de protections anatomiques.
- mise en place d'activités de stimulation, maintien du lien social :
  . aide aux repères dans le temps et dans l'espace ;
  . stimulation au travers des activités physiques et/ou relationnelles.

6.2.2. Module 2 • L'état clinique d'une personne

Compétence : apprécier l'état clinique d'une personne

Objectifs de formation : dans le cadre du rôle propre de l'infirmier, en collaboration avec lui et sous sa responsabilité, être capable de :

- observer la personne et apprécier les changements de son état clinique ;
- identifier les signes de détresse et de douleur ;
- mesurer les paramètres vitaux en utilisant les outils spécifiques et réaliser les courbes de surveillance ;
- identifier les anomalies au regard des paramètres habituels liés aux âges de la vie ;
- identifier les risques liés à la situation de la personne ;
- discerner le caractère urgent d'une situation et alerter.

Savoirs associés

- Anatomie et physiologie du corps humain : les organes des sens, les systèmes neuromusculaire, osseux, cardio-circulatoire, respiratoire, uro-génital, digestif, endocrinien.
- Anatomie et physiologie de la peau et des muqueuses.
- Situations pathologiques et conséquences sur l'état clinique de la personne : la maladie aiguë, la maladie chronique, les situations d'urgence, les situations de fin de vie, la douleur et son expression, la souffrance, le deuil.
- Notion de maladie :
  - lien entre santé et maladie ;
  - maladie somatique et maladie psychique ;
  - les processus pathologiques ;
  - les situations de soins.
- Paramètres vitaux :
  - mesure quantitative et qualitative ;
  - signes d'alerte.
- Sémiologie et vocabulaire médical : signes, symptômes, syndrome, diagnostic, maladie.
- Démarche d'observation d'une situation : signes cliniques, changement de l'état clinique, alerte et urgence.
- Règles d'hygiène et de sécurité dans la mesure des paramètres vitaux.
- Pratiques :
  - mesure des paramètres vitaux chez l'adulte et chez l'enfant : pulsations, température, pression artérielle, rythme respiratoire, mensurations, conscience, volume urinaire ;
  - surveillance des signes cliniques : couleur de la peau et des téguments, vomissements, selles, urines ;
  - observation de la douleur et du comportement ;
  - réalisation de prélèvements non stériles : selles, urines, expectorations ;
  - utilisation des outils de mesure ;
  - transcription de la mesure des paramètres vitaux : réalisation de courbes de surveillance.

6.2.3. Module 3 • Les soins

Compétence : réaliser des soins adaptés à l'état clinique de la personne

Objectifs de formation : dans le cadre du rôle propre de l'infirmier, en collaboration avec lui et sous sa responsabilité, être capable de :

- rechercher les informations sur les précautions particulières à respecter lors du soin ;
- identifier et appliquer les règles d'hygiène et de sécurité associées aux soins à la personne ;
- organiser l'activité de soin en fonction de l'environnement et de la personne ;
- choisir le matériel approprié au soin ;
- réaliser les soins dans le respect de la personne, de son autonomie, de son intimité et en tenant compte, des appareillages et matériels d'assistance médicale : soins liés à l'hygiène corporelle et au confort, à l'alimentation, à l'élimination, au sommeil et aide de l'infirmier à la réalisation de soins ;
- adapter les modalités de réalisation du soin à l'état de la personne et à ses habitudes de vie ;
- évaluer la qualité du soin réalisé et réajuster le cas échéant.

Savoirs associés

- Notions élémentaires sur les principales pathologies :
  - chroniques : asthme, diabète, maladies neuro-dégénératives ;
  - aiguës : infarctus, accident vasculaire cérébral, maladies ischémiques, détresse respiratoire ;
  - psychiatriques : dépression, différenciation entre psychose et névrose, états limites ;
  - chirurgicales : orthopédiques, viscérales ;
  - autres : maladies immuno-dépressives, pneumopathies, méningites, cancers et maladies infectieuses.
- Maternité :
  - conception, grossesse, accouchement, suites de couches, nouveau-né.
- Le handicap :
  - les différents types de handicap ;
  - handicaps et âges de la vie.
- Gériatrie :
  - démographie et place de la personne âgée dans la société ;
  - les pathologies du vieillissement.
- Fin de vie et mort :
  - psychologie de la personne en fin de vie ;
  - aspects culturels de la mort ;
  - notions législatives et réglementaires.
- Notions de pharmacologie :
  - classes et formes des médicaments non injectables ;
  - modes d'administration des médicaments et conséquences de la prise sur l'organisme.
- Démarche de soins.
- Protocoles de soins.
- Règles d'hygiène et de sécurité dans les soins.
- Règles de prise en charge d'un opéré.
- Règles de prise en charge d'une personne inconsciente.
- Pratiques :
  - lavage antiseptique des mains ;
  - toilette complète, bain, douche ;
  - toilette génitale y compris aux personnes porteuses d'une sonde à demeure ;

- prise en charge d'un opéré :
  . préparation du patient en préopératoire : préparation cutanée, vérification de la préparation générale du patient (respect du jeûne, prothèses ôtées, identité) et préparation du dossier ;
  . préparation de la chambre pour le retour du patient ;
  . observation du patient en post-opératoire ;
  . observation des pansements.
- soins liés aux dispositifs médicaux ou d'appareillage :
  . surveillance et renouvellement d'une vessie de glace et actions pour réchauffer le malade ;
  . pose de bas de contention ;
  . immobilisations : observation et surveillance des attelles, plâtres et tractions ;
  . observation du patient en assistance respiratoire ;
  . oxygénothérapie : montage et entretien du matériel, surveillance du patient ;
  . montage et entretien du matériel d'aspiration endotrachéale ;
  . administration d'un aérosol non médicamenteux ;
  . sonde vésicale : surveillance du patient et vidange du sac collecteur ;
  . observation des patients sous dialyse ;
  . pose de collecteurs externes ;
  . soins d'hygiène aux patients porteurs d'entérostomies cicatrisées ;
  . surveillance de l'alimentation par sonde.
- aide aux soins réalisés par l'infirmier :
  . ouverture du matériel stérile ;
  . observation et surveillance des patients sous perfusion ;
  . observation des pansements ;
  . lavage gastrique ;
  . prise de médicaments sous forme non injectable ;
  . réalisation de soins aseptiques ;
  . alimentation par sonde gastrique.
- soins aux personnes dépendantes :
  . réfection et change du lit occupé et inoccupé ;
  . observation et surveillance des patients sous perfusion ;
  . aide et assistance d'un patient en cas de diarrhée ;
  . observation et transmission des signes de douleur ;
  . aide au premier lever ;
  . soins préventifs des escarres ;
  . soins de bouche non médicamenteux ;
- soins *post-mortem* : toilette, habillage, identification.

6.2.4. Module 4 • Ergonomie

Compétence : utiliser les techniques préventives de manutention et les règles de sécurité pour l'installation et la mobilisation des personnes.

Objectifs de formation : dans le cadre du rôle propre de l'infirmier, en collaboration avec lui et sous sa responsabilité, être capable de :

- identifier et appliquer les principes d'ergonomie et de manutention lors des mobilisations, des aides à la marche et des déplacements ;
- identifier et appliquer les règles de sécurité et de prévention des risques, notamment ceux liés aux pathologies et à l'utilisation du matériel médical ;
- installer la personne en tenant compte de ses besoins, de sa pathologie, de son handicap, de sa douleur et des différents appareillages médicaux.

Savoirs associés

- Le système locomoteur : anatomie et physiologie, le mouvement. Le port de charge et ses conséquences sur l'anatomie du corps humain.
- Les accidents dorso-lombaires.
- Législation et déontologie concernant l'isolement, la contention, la limitation des mouvements et les droits des patients.
- Principes et règles d'ergonomie concernant la manutention des personnes.
- Les différentes méthodes de manutention.
- Techniques de prévention des accidents dorsolombaires.
- Principes et règles de sécurité concernant les personnes soignées : repérage des positions algiques et antalgiques.
- Principes et règles de rangement selon l'accès et le stockage des produits et matériels.
- Pratiques :
  - exercices pratiques : les positions et attitudes professionnelles correctes ;
  - installation de la personne en fonction de son degré d'autonomie et en tenant compte de ses besoins, de sa pathologie, de son handicap, de sa douleur et des différents appareillages médicaux ;
  - mobilisation, aide à la marche, déplacements ;
  - prévention des ankyloses et des attitudes vicieuses ;
  - prévention des chutes.

6.2.5. Module 5 • Relation – Communication

Compétence : établir une communication adaptée à la personne et son entourage

Objectifs de formation : dans le cadre du rôle propre de l'infirmier, en collaboration avec lui et sous sa responsabilité, être capable de :

- écouter la personne et son entourage et prendre en compte les signes non verbaux de communication sans porter de jugement ;
- s'exprimer et échanger en adaptant son niveau de langage, dans le respect de la personne et avec discrétion ;
- expliquer le soin réalisé, les raisons d'un geste professionnel et apporter des conseils sur les actes de la vie courante ;
- faire exprimer les besoins et les attentes de la personne, les reformuler et proposer des modalités adaptées de réalisation du soin ;
- apporter des informations pratiques adaptées lors de l'accueil dans le service dans le respect du règlement intérieur ;
- identifier les limites de son champ d'intervention dans des situations de crise, de violence en prenant du recul par rapport à la personne et à sa situation.

Savoirs associés

- Le développement psychosociologique de l'homme, les relations humaines, l'insertion dans la société, le lien social.
- Relation et communication :
  - les valeurs et les principes : respect, discrétion, écoute sans jugement, confidentialité ;
  - les facteurs influençant la communication.
- Information et droits des patients :
  - la charte du patient hospitalisé ;
  - la loi du 4 mars 2002 relative aux droits du malade ;

- le secret médical, le secret professionnel ;
- le rôle de l'aide-soignant(e) dans l'information du patient ;
- la maltraitance : prévention, repérage des signes et transmission aux personnes compétentes.

- Soins palliatifs et accompagnement des personnes en fin de vie :
  - concept de mort : approche culturelle et religieuse ;
  - psychologie et personne en fin de vie ;
  - soins palliatifs, soins d'hygiène et de confort des personnes en fin de vie ;
  - prise en charge des personnes décédées et soutien de la famille et de l'entourage ;
  - notions législatives et réglementaires.
- Les techniques de communication :
  - observation ;
  - entretien ;
  - communication verbale et non verbale ;
  - le jeu et l'animation.
- Règles et procédures de communication dans un contexte professionnel.
- Démarche d'information et d'éducation.
- Pratiques :
  - accueil et information de la personne et de son entourage ;
  - écoute et reformulation ;
  - communication verbale et non verbale ;
  - adaptation de la communication aux différentes situations rencontrées dans les soins ;
  - accompagnement d'une personne en fin de vie et accompagnement de son entourage ;
  - éducation d'une personne pour favoriser ou maintenir son autonomie ;
  - participation à la démarche éthique.

6.2.6. Module 6 • Hygiène des locaux hospitaliers

Compétence : utiliser les techniques d'entretien des locaux et du matériel spécifique aux établissements sanitaires, sociaux et médicosociaux

Objectifs de formation : dans le cadre du rôle propre de l'infirmier, en collaboration avec lui et sous sa responsabilité, être capable de :

- identifier et choisir le matériel et les produits appropriés ;
- doser et utiliser les produits en fonction des procédures et des fiches techniques ;
- utiliser les techniques de nettoyage appropriées, notamment pour lutter contre les infections nosocomiales, en appliquant les protocoles et les règles d'hygiène et de sécurité ;
- identifier et respecter les circuits d'entrée, de sortie et de stockage du linge, des matériels et des déchets ;
- installer le mobilier et le matériel de la chambre en l'adaptant à l'état de la personne ;
- utiliser les techniques de rangement et de stockage adaptées ;
- apprécier l'efficacité des opérations d'entretien et identifier toute anomalie ;
- repérer toute anomalie dans le fonctionnement des appareils médicaux et alerter.

Savoirs associés

- Infection et désinfection :
  - les mécanismes de l'infection ;
  - les techniques de nettoyage, de bionettoyage, de désinfection et de stérilisation.
- Prévention des risques liés à l'infection en milieu hospitalier :
  - risques d'accident d'exposition au sang ;

- les risques infectieux dans différents milieux de soins ;
- les maladies nosocomiales.

- Prévention des risques liés et à la sécurité en milieu hospitalier :
  - normes d'hygiène publique et de respect de l'environnement ;
  - commissions de vigilance ;
  - formalités de déclaration d'accident ;
  - rôle du comité d'hygiène et de sécurité.
- Les circuits des déchets à l'hôpital :
  - les différents types de déchets et de contenants ;
  - les obligations légales et réglementaires des établissements.
- Règles d'identification et d'utilisation des matériels et des produits.
- Fiches techniques d'utilisation des matériels et des produits.
- Règles concernant l'isolement des patients.
- Règles concernant l'élimination des déchets.
- Règles concernant le stockage des produits.
- Hygiène quotidienne de l'environnement du patient.
- Nettoyage et désinfection des matériels et de l'environnement direct du malade.
- Prévention des infections nosocomiales par l'application des techniques d'entretien des locaux et des matériels.
- Isolement des patients : règles, précautions à respecter.
- Élimination des déchets hospitaliers solides et liquides résultant des activités de soins et d'hébergement conformément à la réglementation en vigueur : les contenants, les circuits, les délais.
- Entretien, prédésinfection, nettoyage, désinfection et stérilisation du matériel médico-chirurgical destiné à effectuer des actes aseptiques.
- Montage, entretien et surveillance du matériel de soins :
  - pour oxygénothérapie ;
  - pour aspiration ;
  - pour recueil des urines ;
  - pour le transport des patients ;
  - pour l'hygiène ;
  - le chariot de soins ;
  - le chariot de linge ;
  - pour le matériel chirurgical divers.
- Règles de prévention des accidents d'exposition au sang.

6.2.7. Module 7 • Transmission des informations

Compétence : rechercher, traiter et transmettre les informations pour assurer la continuité des soins

Objectifs de formation : dans le cadre du rôle propre de l'infirmier, en collaboration avec lui et sous sa responsabilité, être capable de :

- identifier et rechercher les informations nécessaires sur les précautions particulières à respecter lors d'un soin et permettant de prendre en compte la culture du patient, ses goûts, son régime... ;
- transmettre les informations liées à la réalisation du soin et alerter en cas d'anomalie par oral, par écrit ou en utilisant les outils informatisés ;
- s'exprimer au sein de l'équipe de soin en utilisant un langage et un vocabulaire professionnels ;

- renseigner des documents assurant la traçabilité des soins en appliquant les règles ;
- rechercher, organiser et hiérarchiser l'information concernant le patient ;
- discerner les informations à transmettre dans le respect des règles déontologiques et du secret professionnel.

Savoirs associés

- Information et continuité des soins.
- Transmissions des données : la fonction d'alerte, la fonction de surveillance, la fonction d'évaluation.
- Informatique : notions globales, application à la santé, règles d'informatique et libertés.
- Dossier de soins : composition du dossier de soins, réglementation, responsabilité.
- Recherche des informations concernant un patient : lecture des documents.
- Transmission de l'information : orale, écrite, ciblée.
- Modalités d'écriture et de lecture des documents concernant le patient.
- Réunions de transmission, de synthèse, de réflexion autour du patient.
- Savoirs pratiques :
  - prise de parole en groupe : demander et transmettre de l'information ;
  - utilisation de logiciels dédiés ;
  - utilisation du dossier de soins : courbes, diagrammes, descriptions, observations rédigées.

6.2.8. Module 8 • Organisation du travail

Compétence : organiser son travail dans une équipe pluriprofessionnelle

Objectifs de formation : dans le cadre du rôle propre de l'infirmier, en collaboration avec lui et sous sa responsabilité, être capable de :

- identifier son propre champ d'intervention en particulier au regard des compétences infirmières ;
- organiser sa propre activité au sein de l'équipe en tenant compte de la planification de l'ensemble des activités du service et dans le respect des règles d'hygiène ;
- utiliser les outils de planification du service pour organiser sa propre activité.

Savoirs associés

- Les différentes professions de santé et les limites de leur champ de compétences.
- La définition de l'équipe de soins et les responsabilités de chaque acteur.
- Notions d'organisation du travail, droit du travail.
- Les outils de planification des soins.
- Formation des pairs.
- Règles d'organisation de l'activité dans une équipe de soins :
  - la journée de travail : actions quotidiennes, à la semaine, au mois... ;
  - les rythmes de travail et leur utilité ;
  - l'organisation du travail dans un groupe : quand, avec qui, pour quoi faire ;
  - législation du travail.
- Règles d'encadrement d'un stagiaire : objectifs de stage, tutorat, évaluation.
- Organisation du travail en fonction de la quantité des activités, des urgences, et des priorités.
- Planification du travail en fonction du travail des autres membres de l'équipe.
- Intégration et positionnement au sein d'une équipe de soins.

- Encadrement des stagiaires ou des nouveaux collègues :
  - projet d'encadrement ;
  - tutorat ;
  - évaluation.
- Participation à des groupes de travail et contribution à l'élaboration de projets.

6.3. Référentiel de formation AP

6.3.1. Module 1 • L'accompagnement d'un enfant dans les activités de la vie quotidienne

Compétence : accompagner un enfant dans les activités d'éveil et de la vie quotidienne et les parents dans leur rôle éducatif

Objectifs de formation : être capable de :

- identifier les manifestations liées aux besoins essentiels de l'enfant en fonction de son âge et prendre en compte sa culture, ses habitudes de vie, ses choix et ceux de ses parents ou de sa famille ;
- repérer les capacités psychomotrices et psycho-affectives de l'enfant ainsi que son degré d'autonomie en lien avec son niveau de développement et ses potentialités ;
- apporter son aide pour la toilette, l'habillage, la prise de repas, l'élimination et la mobilité en l'adaptant aux besoins et aux capacités de l'enfant et en respectant les règles d'hygiène, de pudeur et de sécurité ;
- proposer, initier, animer et adapter des activités d'éveil et des jeux pour favoriser le développement et l'autonomie de l'enfant et faciliter sa sociabilisation ;
- aménager des espaces de jeux, d'activités, de sommeil, de temps libre en favorisant l'autonomie de l'enfant ;
- repérer les réactions de l'enfant avec sa famille et les réponses apportées par les parents ;
- aider, accompagner et conforter les parents dans leur rôle éducatif, les associer aux soins en développant leur autonomie.

Savoirs associés

- Développement de l'enfant :
  - le développement somatique de l'enfance jusqu'à l'adolescence ;
  - le développement psychomoteur de l'enfant ;
  - le développement psychologique de l'enfance jusqu'à l'adolescence.
- Grandes étapes du développement de l'enfant :
  - la vie intra-utérine ;
  - les premières semaines de la vie ;
  - la première année de la vie ;
  - les deuxième et troisième années de la vie ;
  - de 3 ans à 6 ans ;
  - de 6 ans à l'adolescence ;
  - l'adolescence ;
  - les conditions favorables au développement de l'enfant.
- Politique de santé :
  - les différentes définitions de la santé ;
  - la santé publique : politiques de santé et actualités sur les plans de santé publique ;
  - la prévention : prévention des risques liés à une alcoolisation foeto-maternelle ;
  - les risques biologiques (NRBC) : conduite à tenir et gestes à éviter ;

- les risques sanitaires ;
- le système de santé français.

- Politique sociale, familiale et d'accueil de jeunes enfants :
  - la protection maternelle et infantile ;
  - l'aide sociale à l'enfance ;
  - statut juridique de l'enfant et de sa famille ;
  - les prestations familiales ;
  - l'action sociale en faveur des familles ;
  - les différents modes d'accueil des jeunes enfants ;
  - la politique du handicap.
- Le soin :
  - les conceptions du soin : prendre soin de..., faire des soins, avoir soin... ;
  - l'accompagnement ;
  - les pratiques professionnelles de l'auxiliaire de puériculture.
- Principes éducatifs :
  - l'indépendance et l'autonomie ;
  - la socialisation ;
  - la sur et sous-stimulation ;
  - les jeux et jouets.
- Psychopédagogie :
  - les principaux courants pédagogiques appliqués chez l'enfant ;
  - la place du jeu dans le développement de l'enfant de la naissance à l'adolescence ;
  - les critères de qualité et les normes de sécurité des jeux et des équipements ;
- Les différents domaines d'activités :
  - jeu spontané ;
  - activités et jeux moteurs ;
  - activités et jeux d'eau ;
  - activités et jeux autour du langage ;
  - activités et jeux autour de la manipulation ;
  - activités et jeux autour de la trace écrite ;
  - activités et jeux cognitifs ;
  - activités et jeux symboliques ;
  - activités et jeux autour de l'éveil musical.
- Environnement de l'enfant :
  - l'histoire de l'enfance ;
  - le groupe familial, les groupes sociaux ;
  - l'environnement culturel : religions, rites, habitudes, valeurs, coutumes... ;
  - la place de l'enfant dans les différentes cultures ;
  - l'évolution des différents types de familles ;
  - la légitimité professionnelle et respect des valeurs et culture ;
  - l'influence de l'environnement sur le développement de l'enfant.
- Parentalité :
  - le passage de la conjugalité à la parentalité ;
  - la naissance du sentiment paternel, du sentiment maternel ;
  - l'attachement, la séparation, l'individuation ;
  - les droits et devoirs des parents ;
  - la filiation, le nom, l'autorité parentale ;
  - les droits des enfants ;
  - le rôle du père et de la mère dans le développement de l'enfant ;
  - le travail de la femme ;
  - la coopération de l'auxiliaire de puériculture avec les parents.
- Maltraitance :
  - la définition et les signes de maltraitance et de négligence ;

- les facteurs de risque et les situations qui favorisent la maltraitance ;
- la prévention de la maltraitance ;
- la réglementation en vigueur ;
- les comportements de l'auxiliaire de puériculture face à une situation de maltraitance.

- Handicap :
  - la définition des principaux types de handicap chez l'enfant : moteur, sensoriel, mental ;
  - le dépistage des handicaps ;
  - l'approche psychologique du handicap ;
  - les répercussions du handicap : aspects physiques, psychologiques et sociaux ;
  - l'intégration de l'enfant en situation de handicap en milieu ordinaire ;
  - politique vis-à-vis de l'enfant en situation de handicap.

6.3.2. Module 2 • L'état clinique d'une personne à tout âge de la vie

Compétence : apprécier l'état clinique d'une personne à tout âge de la vie

Objectifs de formation : dans le cadre du rôle propre de l'infirmier, en collaboration avec lui et sous sa responsabilité, être capable de :

- apprécier les changements dans l'état clinique et le comportement de la personne en relation avec son âge et son évolution ;
- identifier les signes de détresse et de mal-être ;
- identifier et mesurer la douleur ;
- mesurer les paramètres vitaux en utilisant les outils spécifiques, les échelles de mesure et réaliser les courbes de surveillance ;
- identifier les anomalies au regard des paramètres habituels liés aux âges de la vie ;
- identifier les risques liés aux situations spécifiques de l'enfant, de la personne âgée, de la personne handicapée, de la personne dépendante ;
- discerner le caractère urgent d'une situation et alerter ;
- repérer les risques de maltraitance et alerter.

Savoirs associés

- Anatomie et physiologie du corps humain : les organes des sens, les systèmes neuromusculaire, osseux, cardio-circulatoire, respiratoire, uro-génital, digestif, endocrinien. Anatomie et physiologie de la peau et des muqueuses.
- Situations pathologiques et conséquences sur l'état clinique de la personne : la maladie aiguë, la maladie chronique, les situations d'urgence, les situations de fin de vie, la douleur et son expression, la souffrance, le deuil.
- Notion de maladie :
  - lien entre santé et maladie ;
  - maladie somatique et maladie psychique ;
  - les processus pathologiques ;
  - les situations de soins.
- Paramètres vitaux :
  - mesure quantitative et qualitative ;
  - signes d'alerte.
- Sémiologie et vocabulaire médical : signes, symptômes, syndrome, diagnostic, maladie.
- Démarche d'observation d'une situation : signes cliniques, changement de l'état clinique, alerte et urgence.
- Règles d'hygiène et de sécurité dans la mesure des paramètres vitaux.
- Mesure des paramètres vitaux chez l'adulte et chez l'enfant : pulsations, température,

pression artérielle, fréquence respiratoire, respiration, mensurations, conscience et volume urinaire.

- Surveillance des signes cliniques : couleur de la peau et des téguments, vomissements, selles, urines.
- Observation de la douleur et du comportement.
- Réalisation de prélèvements non stériles : selles, urines, expectorations.
- Utilisation des outils de mesure.
- Transcription de la mesure des paramètres vitaux : réalisation de courbes de surveillance.

6.3.3. Module 3 • Les soins à l'enfant

Compétence : réaliser des soins adaptés à l'état clinique de l'enfant

Objectifs de formation : dans le cadre du rôle propre de l'infirmier, en collaboration avec lui et sous sa responsabilité, être capable de :

- sélectionner les informations relatives à la situation de vie concernant les enfants ;
- rechercher les informations sur les précautions particulières à respecter lors des soins ;
- identifier et appliquer les règles d'hygiène et de sécurité associées aux soins à l'enfant ;
- organiser l'activité de soin en fonction de l'enfant, de la présence de ses parents et de l'environnement ;
- choisir le matériel approprié au soin ;
- réaliser les soins dans le respect de l'enfant, de son autonomie, de son intimité et en tenant compte, des appareillages et matériels d'assistance médicale : soins liés à l'hygiène corporelle et au confort, à l'alimentation, à l'élimination, au sommeil ;
- adapter ses interventions lors de la réalisation de soins avec l'infirmier, la puéricultrice ou la sage-femme ;
- adapter les modalités de réalisation du soin à l'état de l'enfant, à son âge et à ses habitudes de vie ;
- apprécier le bon déroulement du soin et réajuster le cas échéant.

Savoirs associés

- Concepts : santé, maladie, handicap, douleur, mort.
- Vocabulaire professionnel.
- Notions élémentaires de physiopathologie des différents appareils du corps humain :
  - la fonction respiratoire : rhinopharyngite, asthme, bronchopneumopathie, laryngite aiguë, angine, otite aiguë ;
  - la fonction circulatoire : hémorragie externe ;
  - la fonction digestive : vomissements, diarrhée aigue, constipation, déshydratation ;
  - la fonction urinaire : infection urinaire, glomérulonéphrite ;
  - la fonction locomotrice : luxation congénitale de la hanche, malformation des pieds, traumatismes courant ;
  - les affections neurologiques : convulsions, méningites, myopathie... ;
  - les affections de la peau et des muqueuses : dermatoses, stomatites, muguet, conjonctivites, parasitoses ;
  - les maladies infectieuses : maladies éruptives et non éruptives ;
  - les affections psychiatriques : névrose, psychose, anorexie, boulimie, autisme ;
  - les affections chirurgicales : appendicite, hernie, torsion de testicule, invagination intestinale aiguë, occlusion intestinale aiguë, sténose du pylore ;
  - les affections diverses : mucoviscidose, diabète, rachitisme, hypotrophie, mort subite,

oncologie… ;
- les gestes d'urgence.

- Autour de la naissance :
  - notions de génétique ;
  - la planification familiale : contraception, IVG ;
  - la conception, grossesse ;
  - l'accouchement, suites de couches ;
  - l'accueil et soins du nouveau-né en salle de travail ;
  - le nouveau-né et les relations avec son entourage ;
  - les potentialités sensorielles et émotionnelles du nouveau-né ;
  - l'accueil et organisation du séjour en maternité ;
  - l'adaptation du nouveau-né à la vie extra utérine ;
  - les situations particulières : naissance d'un enfant prématuré, naissance d'un enfant en situation de handicap ;
  - les notions législatives et réglementation (filiation, autorité parentale, prestations…).
- Soins palliatifs et accompagnement en fin de vie :
  - les aspects culturels de la mort ;
  - les notions législatives et réglementaires ;
  - les différentes étapes de l'évolution psychologique de l'enfant en phase terminale ;
  - les soins palliatifs : soins d'hygiène et de confort aux enfants en fin de vie ;
  - l'accompagnement de l'enfant, de sa famille, de la fratrie ou de son entourage ;
  - soutien de la famille, de la fratrie et de l'entourage durant le processus de deuil.
- Notions de pharmacologie :
  - les différentes classes de médicaments non injectables ;
  - les différentes formes médicamenteuses ;
  - les différents modes d'administration des médicaments ;
  - les conséquences de la prise de médicaments sur l'organisme.
- Douleur chez l'enfant :
  - les spécificités de la douleur chez l'enfant : nouveau-né, nourrisson, grand enfant…) ;
  - les manifestations aux différents âges et situations ;
  - les différents outils d'évaluation de la douleur ;
  - les moyens non médicamenteux de prévention de la douleur.
- Outils infirmiers :
  - la démarche de soins ;
  - les protocoles de soins ;
  - les transmissions ciblées.

6.3.4. Module 4 • Ergonomie

Compétence : utiliser les techniques préventives de manutention et les règles de sécurité pour l'installation et la mobilisation des personnes

Objectifs de formation : être capable de :

- identifier et appliquer les principes d'ergonomie et de manutention notamment lors des mobilisations, des aides à la marche, des déplacements et des transports de matériel ;
- identifier et appliquer les règles de sécurité et de prévention des risques, notamment ceux liés aux pathologies, à l'utilisation du matériel médical et aux accidents domestiques ;
- installer la personne en tenant compte de ses besoins, de sa pathologie, de son handicap, de sa douleur et des différents appareillages médicaux ;
- aménager un espace sécurisé et sécurisant pour une personne ou un groupe.

Savoirs associés

- Le système locomoteur : anatomie et physiologie, le mouvement.
- Le port de charge et ses conséquences sur l'anatomie du corps humain.
- Les accidents dorso-lombaires.
- Législation et déontologie concernant l'isolement, la contention, la limitation des mouvements et les droits des patients.
- Principes et règles d'ergonomie concernant la manutention des personnes.
- Les différentes méthodes de manutention.
- Techniques de prévention des accidents dorsolombaires.
- Principes et règles de sécurité concernant les personnes soignées : repérage des positions algiques et antalgiques.
- Principes et règles de rangement selon l'accès et le stockage des produits et matériels.

6.3.5. Module 5 • Relation – Communication

Compétence : établir une communication adaptée à la personne et à son entourage

Objectifs de formation : être capable de :

- écouter la personne et son entourage et prendre en compte les signes non verbaux de communication sans porter de jugement ;
- s'exprimer et échanger en adaptant son niveau de langage, dans le respect de la personne et avec discrétion ;
- expliquer le soin réalisé, les raisons d'un geste professionnel et apporter des conseils sur les actes de la vie courante ;
- faire exprimer les besoins et les attentes de la personne, les reformuler et proposer des modalités adaptées de réalisation du soin ;
- apporter des informations pratiques adaptées lors de l'accueil dans le service dans le respect du règlement intérieur ;
- identifier les limites de son champ d'intervention dans des situations de crise, de violence en sachant prendre une distance juste et efficace par rapport à la personne et à sa situation ;
- repérer les comportements en groupe et proposer des interventions adaptées ;
- adapter son mode de relation : toucher, contact visuel ou parole à la situation de la personne.

Savoirs associés

- Le développement psychosociologique de l'homme, les relations humaines, l'insertion dans la société, le lien social.
- Relation et communication :
  - les valeurs et les principes : respect, discrétion, écoute sans jugement, confidentialité ;
  - les facteurs influençant la communication.
- Information et droits des patients.
- La charte du patient hospitalisé et les textes spécifiques :
  - la loi du 4 mars 2002 relative aux droits du malade ;
  - le secret médical, le secret professionnel ;
  - le rôle de l'auxiliaire de puériculture dans l'information du patient ;
  - la maltraitance.
- Soins palliatifs et accompagnement des personnes en fin de vie :
  - concept de mort : approche culturelle et religieuse ;
  - psychologie et personne en fin de vie ;

- soins palliatifs, soins d'hygiène et de confort des personnes en fin de vie ;
- prise en charge des personnes décédées et soutien de la famille et de l'entourage ;
- notions législatives et réglementaires.
- Les techniques de communication :
  - observation ;
  - entretien ;
  - communication verbale et non verbale ;
  - le jeu et l'animation.
- Règles et procédures de communication dans un contexte professionnel.
- Démarche d'information et d'éducation.

6.3.6. Module 6 • Hygiène des locaux hospitaliers

Compétence : utiliser les techniques d'entretien des locaux et du matériel spécifique aux établissements sanitaires, sociaux et médico-sociaux

Objectifs de formation : être capable de :

- identifier et choisir le matériel et les produits appropriés ;
- doser et utiliser les produits en fonction des procédures et des fiches techniques ;
- utiliser les techniques de nettoyage appropriées pour lutter contre les infections, notamment nosocomiales, en appliquant les protocoles et les règles d'hygiène et de sécurité ;
- appliquer les principes d'hygiène dans les lieux de vie collectifs visant à prévenir les infections ;
- identifier et respecter les circuits d'entrée, de sortie et de stockage du linge, des matériels et des déchets ;
- installer le mobilier et le matériel de la chambre en l'adaptant à l'état de la personne ;
- utiliser les techniques de rangement et de stockage adaptées ;
- apprécier l'efficacité des opérations d'entretien et identifier toute anomalie ;
- repérer toute anomalie dans le fonctionnement des appareils bio-médicaux et alerter.

Savoirs associés

- Infection et désinfection :
  - les mécanismes de l'infection ;
  - les techniques de nettoyage, de bio-nettoyage, de désinfection et de stérilisation.
- Prévention des risques liés à l'infection en milieu hospitalier :
  - risques d'accident d'exposition au sang ;
  - les risques infectieux dans différents milieux de soins ;
  - les maladies nosocomiales.
- Prévention des risques liés et à la sécurité en milieu hospitalier :
  - normes d'hygiène publique et de respect de l'environnement ;
  - commissions de vigilance ;
  - formalités de déclaration d'accident ;
  - rôle du comité d'hygiène et de sécurité.
- Les circuits des déchets à l'hôpital :
  - les différents types de déchets et de contenants ;
  - les obligations légales et réglementaires des établissements.
- Règles d'identification et d'utilisation des matériels et des produits.
- Fiches techniques d'utilisation des matériels et des produits.
- Règles concernant l'isolement des patients.

- Règles concernant l'élimination des déchets.
- Règles concernant le stockage des produits.

6.3.7. Module 7 • Transmission des informations

Compétence : rechercher, traiter et transmettre les informations pour assurer la continuité des soins

Objectifs de formation : être capable de :

- identifier et rechercher les informations nécessaires sur les précautions particulières à respecter lors d'un soin ou d'une activité ;
- rechercher, organiser et hiérarchiser l'information concernant la personne et son entourage et permettant de prendre en compte sa culture, ses habitudes de vie, ses goûts, son régime... ;
- transmettre les informations liées à la réalisation du soin ou de l'activité et alerter en cas d'anomalie par oral, par écrit ou en utilisant les outils informatisés ;
- s'exprimer au sein de l'équipe en utilisant un langage et un vocabulaire professionnel ;
- renseigner des documents assurant la traçabilité des soins et des activités en appliquant les règles ;
- discerner les informations à transmettre dans le respect des règles déontologiques et du secret professionnel.

Savoirs associés

- Information et continuité des soins.
- Transmissions des données : la fonction d'alerte, la fonction de surveillance, la fonction d'évaluation.
- Informatique : notions globales, application à la santé, règles d'informatique et libertés.
- Dossier de soins : composition du dossier de soins, réglementation, responsabilité.
- Recherche des informations concernant un patient : lecture des documents.
- Transmission de l'information : orale, écrite, ciblée.
- Modalités d'écriture et de lecture des documents concernant le patient.
- Réunions de transmission, de synthèse, de réflexion autour du patient.

6.3.8. Module 8 • Organisation du travail

Compétence : organiser son travail dans une équipe pluriprofessionnelle

Objectifs de formation : être capable de :

- identifier son propre champ d'intervention en particulier au regard des compétences infirmières et des autres professionnels ;
- organiser sa propre activité au sein de l'équipe en tenant compte de la planification de l'ensemble des activités du service ;
- organiser et prioriser son activité pour répondre aux besoins d'un groupe de personnes ;
- utiliser les outils de planification du service pour organiser sa propre activité ;
- contribuer à l'élaboration des projets de soins et/ou des projets éducatifs.

Savoirs associés

- Les différentes professions de santé, professions sociales et éducatives et les limites de leur champ de compétences.
- La définition de l'équipe de soins et les responsabilités de chaque acteur.
- Notions d'organisation du travail, droit du travail.
- Les outils de planification des soins.
- Formation des pairs.
- Règles d'organisation de l'activité dans une équipe de soins :
  - la journée de travail : actions quotidiennes, à la semaine, au mois ;
  - les rythmes de travail et leur utilité ;
  - l'organisation du travail dans un groupe : quand, avec qui, pour quoi faire.
- Législation du travail.
- Règles d'encadrement d'un stagiaire : objectifs de stage, tutorat, évaluation.

6.4. Actes de soins hors compétences AS ou AP

Seuls les actes du rôle propre infirmier et qui font partie du programme de formation des AS et des AP peuvent être effectués par les AS et AP.
Les actes de soins suivants ne peuvent être effectués par un AS ou un AP :

- Éducation du patient sur un traitement médicamenteux. - Changement de sondes gastriques. - Changement de sondes vésicales. - Premier lever d'un patient. - Pose de bas de contention thérapeutiques. - Recueil de données biologiques sanguines (dispositifs à lecture instantanée, glycémie capi laire). - Administration d'insuline avec un stylo prédosé. - Aérosol médicamenteux. - Faire des soins de gastrostomie. - Faire des soins de trachéostomie. - Faire des pansements de plaie ou d'ulcères variqueux.	- Faire des aspirations endotrachéales (sauf si l'AS ou l'AP ont suivi et validé une formation spécifique). - Préparer des médicaments oraux dans un pilulier. - Changer une seringue sur un pousse-seringue électrique. - Administrer des collyres médicamenteux. - Mesure de la saturation en oxygène du sang. - Faire un ECG. - Mettre en place des dispositifs d'hydratation en sous-cutané.

Partie 3

Méthodologie • Cours • Exercices

Chapitre 5
Analyse et synthèse de situation : méthodologie

1. Théories des soins

1.1. Introduction

Votre concours consiste en une analyse écrite de trois situations professionnelles. Vous avez au cours de vos études, en formation initiale AS ou AP, déjà traité des analyses de situations professionnelles : cas concret, mise en situation professionnelle, démarche de soins...

Plusieurs approches ou modèles sont possibles.

1.2. Démarche en santé

Il est plus facile de définir la maladie que la santé.
Dictionnaire : la santé est un état dégagé de toute maladie dans lequel le corps fonctionne normalement.
L'OMS (Organisation Mondiale de la Santé) définit, dans le contexte de l'après-guerre en 1946, la santé comme :

- « un état complet de bien-être physique, mental et social et non pas seulement l'absence de maladie ou d'infirmité. »

Plusieurs facteurs influencent la santé de l'homme :

- médico-sanitaires ;
- socio-économiques ;
- géographiques ;
- démographiques ;
- psycho-culturels ;
- politiques.

Le rôle d'un professionnel de santé doit être :

- d'observer la situation qui doit être changée, de la comprendre ;
- d'adapter des solutions en conséquence, autrement dit, avoir une démarche scientifique.

Cette démarche scientifique permet au professionnel de santé de déterminer les soins les plus pertinents à prodiguer à une personne prise en charge qui présente des problèmes de santé.
On parle également de démarche de résolution de problème.

1.3. Dispenser des soins

Dispenser des soins est à la portée de tous. Exemple : une mère donne des soins à son enfant. Soutenir moralement ou physiquement une personne est une action de soin.

Les soins infirmiers sont des soins dispensés par un infirmier, professionnel de santé, formé et diplômé.

Selon Marie-Françoise Collière (infirmière) les soins infirmiers sont :

- « tout soin fait par un professionnel infirmier, c'est-à-dire à chaque fois que l'individu aura recours pour prendre soin de lui à une personne reconnue, par des études et un diplôme, comme compétente en soins infirmiers. »

Article R. 4311-2 du Code de la santé publique définit ainsi les soins infirmiers

« Les soins infirmiers, préventifs, curatifs ou palliatifs, intègrent qualité technique et qualité des relations avec le malade. Ils sont réalisés en tenant compte de l'évolution des sciences et des techniques. Ils ont pour objet, dans le respect des droits de la personne, dans le souci de son éducation à la santé et en tenant compte de la personnalité de celle-ci dans ses composantes physiologique, psychologique, économique, sociale et culturelle :

1° De protéger, maintenir, restaurer et promouvoir la santé physique et mentale des personnes ou l'autonomie de leurs fonctions vitales physiques et psychiques en vue de favoriser leur maintien, leur insertion ou leur réinsertion dans leur cadre de vie familial ou social ;

2° De concourir à la mise en place de méthodes et au recueil des informations utiles aux autres professionnels, et notamment aux médecins pour poser leur diagnostic et évaluer l'effet de leurs prescriptions ;

3° De participer à l'évaluation du degré de dépendance des personnes ;

4° De contribuer à la mise en œuvre des traitements en participant à la surveillance clinique et à l'application des prescriptions médicales contenues, le cas échéant, dans des protocoles établis à l'initiative du ou des médecins prescripteurs ;

5° De participer à la prévention, à l'évaluation et au soulagement de la douleur et de la détresse physique et psychique des personnes, particulièrement en fin de vie au moyen des soins palliatifs, et d'accompagner, en tant que de besoin, leur entourage. »

L'aide-soignant(e) et l'auxiliaire de puériculture vont dispenser des soins sous la responsabilité de l'infirmier(ière) ou de l'infirmier(ière) puéricultrice.

1.4. Différentes théories de soins

1.4.1. Introduction

Pour réaliser une démarche de soins, on utilise des règles de raisonnement, des modèles théoriques. Au cours de vos études initiales, vous avez peut-être utilisé l'une ou l'autre des théories de soins existantes.

L'homme répond de façon physique ou psychique à toutes les contraintes rencontrées.
Les interactions entre l'homme et son environnement réalisent un état d'équilibre.

Trois approches différentes sont proposées ici :

- celle d'un anthropologue : Ralph Linton ;
- celle d'un psychologue : Abraham Maslow ;
- celle d'une infirmière : Virginia Henderson.

Plusieurs modèles de soins peuvent être utilisés. Le plus répandu, et sans doute le plus complet, est celui proposé par Virginia Henderson.

1.4.2. Théorie de Ralph Linton

Selon la théorie de Ralph Linton, les besoins de l'être humain sont de deux types :

- les besoins primaires qui entraînent des tensions physiologiques, s'ils ne sont pas satisfaits ;
- les besoins secondaires : qui entraînent des tensions psychologiques, s'ils ne sont pas satisfaits.

Les besoins primaires sont : boire, manger, dormir, être en bonne santé.

Les besoins secondaires :

- le besoin de réponse affective : sentiment de délaissement et de séparation ;
- le besoin de sécurité : être rassuré, attente d'une récompense future ;
- le besoin de nouveauté : intervient seulement si les deux premiers besoins sont satisfaits.

Les besoins secondaires viennent généralement après les besoins primaires. Mais, l'être humain, dans certaines conditions, peut inverser cette logique : exemple, un sportif qui dépasse ses limites physiques pour atteindre un objectif.

1.4.3. Théorie d'Abraham Maslow

A. Maslow distingue cinq niveaux dans la hiérarchie des besoins :

- le besoin de survivance : se nourrir, dormir, se loger, se vêtir, se déplacer... Ces besoins physiologiques doivent absolument être satisfaits.
- le besoin de sécurité : être en bonne santé, être rassuré sur son avenir. C'est la protection du besoin de survivance.
- le besoin d'appartenance : ne pas être seul (famille, groupe).
- le besoin de considération et d'estime personnelle : considération au sein d'un groupe.
- le besoin d'accomplissement : s'épanouir dans ses activités professionnelles ou personnelles.

Maslow schématise sa théorie en classant de façon hiérarchique les cinq niveaux de besoins sous la forme d'une pyramide qui indique que :

> Les besoins supérieurs ne peuvent être satisfaits et même ressentis que lorsque les besoins des niveaux au-dessous sont satisfaits.

Maslow assure que :

- l'individu éprouve un désir persistant de satisfaire ses besoins ;
- la privation des réponses aux besoins provoque la maladie et le dépérissement ;
- la satisfaction des besoins est la thérapeutique qui guérit la maladie ;
- la régularité de la satisfaction des besoins prévient la maladie.

1.4.4. Théorie de soins selon Virginia Henderson

Historique

Virginia Henderson (1897-1996) s'est lancée dans la profession infirmière dès l'âge de 20 ans, après l'entrée en guerre des États-Unis (première guerre mondiale).

Elle suit des études, trois ans, à l'Army School of Nursing (École militaire de soins infirmiers) de Washington. C'est sans doute lors de ses stages hospitaliers qu'elle développe sa vision des soins

infirmiers : soins centrés sur le malade, prise en compte du milieu de vie.
Elle obtient le diplôme d'infirmière de l'État de New-York en 1921. Elle part travailler dans un dispensaire. Elle élabore sa conception du soin consistant à traiter une personne plutôt qu'une maladie.

Définition de la théorie de Virginia Henderson

Selon Virginia Henderson :

- « l'infirmière possède des fonctions qui lui sont propres (...). La société attend un service particulier de sa part qu'aucun autre travailleur ne peut lui rendre ».

Pour justifier cela, elle énonce les postulats suivants :

- tout être humain tend vers l'indépendance et la désire ;
- l'individu forme un tout caractérisé par 14 besoins fondamentaux ;
- lorsqu'un besoin demeure insatisfait, l'individu n'est pas complet, entier, indépendant.

D'où sa conception des soins infirmiers :

- « Le rôle de l'infirmière ou de l'infirmier consiste à aider l'individu malade ou en santé, au maintien ou au recouvrement de la santé (ou à l'assister dans les derniers moments de sa vie) par l'accomplissement de tâches dont il s'acquitterait lui-même s'il en avait la force, la volonté (la motivation) ou possédait les connaissances voulues, et d'accomplir ces fonctions de façon à l'aider à reconquérir son indépendance le plus rapidement possible. »

Les 14 besoins fondamentaux

Pour V. Henderson, un besoin fondamental est « **une nécessité vitale essentielle à l'être humain pour assurer son bien-être et sa préservation physique et mentale** ».
L'individu, malade ou en bonne santé, est vu comme un tout complet, **approche holistique de la personne**, présentant 14 besoins fondamentaux, il est indispensable que vous les connaissiez :

- respirer ;
- s'alimenter et s'hydrater ;
- éliminer,
- se mouvoir et conserver une bonne posture ;
- dormir et se reposer ;
- se vêtir et se dévêtir ;
- maintenir la température du corps dans les limites de la normale ;
- être propre, soigné et protéger ses téguments ;
- éviter les dangers ;
- communiquer avec ses semblables ;
- agir selon ses croyances et ses valeurs ;
- s'occuper en vue de se réaliser ;
- se récréer ;
- apprendre.

Chacun de ces besoins est relié à différentes dimensions de l'être humain :

- une dimension biologique ;
- une dimension psychologique ;
- une dimension sociologique ;
- une dimension culturelle et spirituelle.

Ces dimensions sont toutes présentes dans chaque besoin, mais à des degrés variables.
Dormir et se reposer, par exemple, à une dimension biologique (le sommeil est réparateur pour l'organisme), une dimension psychologique (le stress modifie la qualité du sommeil), une dimension sociologique (rythmes imposés par la société, travail/loisirs/repos), une dimension culturelle ou spirituelle (certains pratiques comme la méditation améliore la qualité du sommeil).

Définitions des 14 besoins fondamentaux

1 • Respirer
Capacité de l'être humain à capter l'oxygène indispensable à la vie cellulaire et à rejeter le dioxyde de carbone produit par la combustion cellulaire.
2 • Boire et manger
Capacité de l'être humain à ingérer et à absorber des aliments et des boissons, en quantité suffisante pour assurer sa croissance, l'entretien de ses tissus et maintenir l'énergie indispensable à son bon fonctionnement.
3 • Éliminer
Capacité de l'organisme à se débarrasser des substances nuisibles et inutiles qui résultent des différents métabolismes. L'excrétion des déchets s'opère principalement par l'urine, les fèces, la transpiration, l'expiration pulmonaire et la menstruation.
4 • Se mouvoir et maintenir une bonne posture
Se mouvoir : capacité de l'être humain à mobiliser toutes les parties de son corps, afin d'accomplir des mouvements coordonnés et contrôlés, indispensables à son bien-être. Maintenir une bonne posture : capacité de l'être humain à maintenir en position anatomique les différentes parties du corps, en mouvement ou au repos, afin que les diverses fonctions de l'organisme puissent s'accomplir efficacement.
5 • Dormir et se reposer
Capacité de l'être humain à prendre suffisamment de sommeil et de repos dans de bonnes conditions, afin de permettre à l'organisme de trouver l'énergie nécessaire à ses activités quotidiennes et à son bien-être psychologique.
6 • Se vêtir et se dévêtir
Capacité de l'être humain à porter des vêtements adéquats, selon ses activités, pour protéger son corps et préserver sa pudeur.
7 • Maintenir la température du corps dans les limites normales
Capacité de l'organisme à conserver une température à un degré constant afin de procurer du bien-être.
8 • Être propre, soigné et protéger ses téguments
Capacité de l'être humain à avoir une bonne hygiène corporelle afin que la peau et les phanères puissent remplir leurs fonctions. Cette hygiène est complétée par l'hygiène vestimentaire afin de protéger les téguments.
9 • Éviter les dangers
Capacité de l'être humain à se protéger contre toute agression, d'origine interne ou externe, pour maintenir sa santé.
10 • Communiquer avec ses semblables
Capacité de l'être humain à échanger avec les autres et avec l'environnement, sur un mode verbal ou non verbal (au niveau sensori-moteur, intellectuel et affectif) dans le but de partager ses idées, ses sentiments, ses expériences, ses sensations, d'exprimer ses besoins et de comprendre ceux de son entourage.

11 • Agir selon ses croyances et ses valeurs
Capacité de l'être humain à conformer sa vie et ses pratiques à ses convictions spirituelles, qui sont des valeurs essentielles pour lui.
12 • S'occuper en vue de se réaliser
Capacité de tout être humain à accomplir des activités physiques, intellectuelles, affectives, spirituelles qui lui permettent de satisfaire ses aspirations, de se valoriser et/ou d'avoir le sentiment d'être utile.
13 • Se récréer - se divertir
Capacité de l'être humain à se récréer par une occupation agréable dans le but d'obtenir détente et plaisir physique, intellectuel, psychologique, affectif et spirituel.
14 • Apprendre
Capacité de l'être humain à acquérir des connaissances et des aptitudes, afin d'obtenir des comportements favorables au maintien ou au recouvrement de la santé.

1.4.5. Récapitulatif des différentes théories

Toutes les théories vues précédemment apportent des moyens pour résoudre les problèmes de santé des personnes prises en charge. Chaque besoin, quelle que soit la théorie considérée, doit être satisfait pour permettre la satisfaction d'un autre besoin supérieur.

Retenez que selon que ses besoins sont satisfaits ou non, l'individu sera sain ou malade.

On peut résumer ces théories avec le schéma ci-dessous :

Schéma récapitulatif des théories de soins

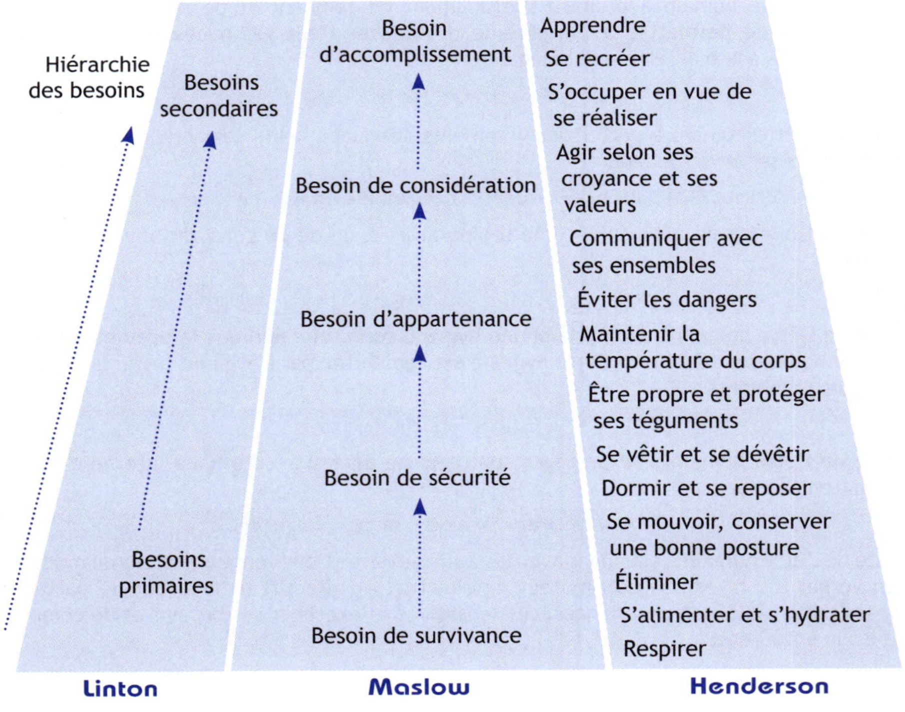

La théorie la plus utilisée est celle de Virginia Henderson. C'est celle que vous retrouverez le plus fréquemment lors de votre concours spécifique.

1.5. Notion d'équilibre

Pour se maintenir en santé « état complet de bien-être physique, mental et social... » on doit satisfaire ses besoins pour maintenir un équilibre entre les différents processus physiologiques, psychologiques et relationnels.

Cet équilibre est appelé : homéostasie, faculté de l'organisme de maintenir à la fois l'équilibre de son milieu intérieur et celui de ses rapports avec l'extérieur.

L'équilibre n'est pas synonyme d'immobilisme des processus. Les variations de ces processus se compensent dans une certaine limite.

Exemple 1

Une personne se met à courir, ses muscles ont besoin de plus d'oxygène, le cœur bat plus vite, la respiration est augmentée. Le besoin en oxygène est satisfait, la personne peut courir.

Si un des processus, ou besoin, n'est pas satisfait, un déséquilibre va se produire, l'homéostasie ne sera pas réalisée.

Exemple 2

Une personne se met à courir, ses muscles ont besoin de plus d'oxygène, le cœur bat plus vite mais avec un débit insuffisant, la respiration est augmentée au maximum mais ne suffit pas à répondre aux besoins en oxygène. L'homéostasie n'est pas réalisée et très vite la personne essoufflée est contrainte d'arrêter sa course.

L'insatisfaction d'un besoin a des conséquences sur d'autres besoins, perturbant l'homéostasie, équilibre garant de l'état de santé.

Dans l'exemple 1, la personne utilise ses propres ressources pour compenser un éventuel déséquilibre de ses besoins. On parle de personne **indépendante**.

Dans l'exemple 2, la personne mobilise ses propres ressources mais ne parvient pas à compenser seule ses besoins. On pourrait lui apporter de l'oxygène extérieur. On parle de personne **dépendante**.

1.6. Indépendance et dépendance

Un problème de santé est lié à la présence d'une dépendance de la personne. Les soins infirmiers vont apporter une réponse à cette dépendance afin de retrouver un équilibre.

La dépendance est l'incapacité du sujet d'adopter des comportements ou d'accomplir par lui-même, et sans l'aide d'une autre personne, les actions susceptibles de lui permettre un niveau acceptable de satisfaction de ses besoins.

L'indépendance est l'atteinte d'un niveau acceptable de satisfaction des besoins - c'est-à-dire la persistance d'un bon équilibre physiologique et psychologique entraînant un état satisfaisant de bien-être - par des actions appropriées que le sujet fait lui-même, sans l'aide d'une autre personne.

Pour les enfants et plus encore pour les nourrissons, on doit prendre en compte le stade de développement et de croissance. On ne peut pas parler de dépendance si le sujet n'est pas en âge ou n'a pas appris à faire seul certains actes.

Une personne peut être plus ou moins dépendante. On parle de dépendance partielle.

On repère le niveau de dépendance d'une personne prise en charge, afin de répondre par des soins infirmiers ciblés aux seuls problèmes présents. Une fois que le problème est résolu, la personne prise en charge redevient capable d'atteindre seule, de façon autonome, un niveau d'équilibre. L'autonomie d'une personne est un objectif prioritaire. Les soins infirmiers ne sauraient empiéter sur cette autonomie.

Exemple

Une personne âgée est hospitalisée. On prend l'habitude de lui faire une toilette complète au lit dès le premier jour de l'hospitalisation car elle est très fatiguée. La dépendance se manifeste par de la fatigue et une impossibilité de satisfaire le besoin de se laver. Après une semaine et la résolution d'un problème médical, cause de la fatigue, on continue à lui faire sa toilette complète au lit. On crée une nouvelle dépendance, sans prendre en compte que la manifestation de dépendance, la fatigue, a disparu. Le besoin de se laver est satisfait. Mais l'autonomie de la personne n'est pas respectée.

La dépendance et l'indépendance se manifestent par des signes particuliers. Ces signes sont observables et mesurables (afin de repérer leur évolution).

Retenir :

- pour que l'équilibre de la santé soit maintenu, une personne doit satisfaire ses besoins. Si elle parvient de façon convenable, elle est indépendante.
- si, par contre, à cause de certaines difficultés, elle ne peut accomplir certaines actions nécessaires à la satisfaction de ses besoins, elle devient dépendante (dépendance partielle à totale).
- les soins infirmiers apportent une assistance si et seulement si la personne prise en charge n'est pas capable de prendre soin d'elle seule. Les soins infirmiers cessent dès que la personne est autonome.
- on parle de manifestations de dépendance ou d'indépendance, qui sont des signes observables et mesurables.

1.7. Sources de difficulté

La dépendance est toujours causée par une ou des difficultés, que la personne n'arrive pas à compenser par ses propres ressources. On parle de sources de difficultés, ou de causes.

Exemple

Une personne hospitalisée est immobilisée dans son lit avec un matériel thérapeutique conséquent : perfusion, sondage vésical, sonde gastrique... Ce matériel thérapeutique est une source de difficulté.

Lorsqu'on observe une personne dépendante, on peut observer les effets causés par les sources de difficulté. On parle de manifestations de dépendance.

La source de difficulté est identifiée comme étant le matériel thérapeutique. La personne présente des manifestations de dépendances : difficulté à se mobiliser ou peur d'arracher un matériel par exemple.

Les sources de difficulté sont, selon Virginia Henderson, de plusieurs ordres :

- ordre physique : deux types distincts :
  - les difficultés propres à l'individu comme les maladies (sources intrinsèques) : par exemple une insuffisance respiratoire est une difficulté pour maintenir une oxygénation satisfaisante de l'organisme ;
  - les difficultés liées à l'environnement extérieur comme la présence d'un matériel thérapeutique (sources extrinsèques) : par exemple un plâtre visant à traiter une fracture qui complique les déplacements.

- ordre psychologique : par exemple un stress important qui empêche une personne de se concentrer ou de s'exprimer normalement ;
- ordre sociologique, environnemental et spirituel : toutes les relations avec le monde extérieur peuvent avoir un impact sur la santé. Par exemple, la santé d'une personne qui perd son emploi, qui vit dans une ville polluée ou qui est isolée familialement, sera fragilisée ;
- ordre cognitif : si la personne connaît ses limites personnelles ou les contraites extérieures, elle pourra éviter les situations de déséquilibre.

Exemple de problème d'origine inconnue ou potentiel

Une personne hospitalisée est perfusée au bras gauche. Au bout de quelques jours elle signale qu'elle s'ennuie fortement. C'est une manifestation de dépendance : la personne exprime de l'ennui. Plusieurs sources de difficultés sont possibles : l'hospitalisation loin de chez elle, l'absence d'activités de loisirs, l'arrêt de ses activités occupationnelles habituelles...

Tant que l'on n'a pas déterminé la source de difficulté, le problème de santé, ici l'ennui, est d'origine inconnue.

Au cours de l'hospitalisation, le soignant apprend que la personne est gauchère. La perfusion posée au bras gauche gêne cette personne pour écrire, son activité favorite. Le problème de santé, ennui, se manifestant par l'expression de l'ennui, a pour source de difficulté une perfusion posée au bras gauche dans le contexte particulier d'une personne gauchère.

Il suffit de prendre en compte le contexte particulier, de poser la perfusion au bras droit pour supprimer la source de difficulté, ce qui permettra à la patiente de pratiquer son activité favorite, l'écriture, ce qui supprimera en grande partie le problème d'ennui.

Au moment où la perfusion est posée au bras gauche, on crée une source de difficulté. Mais, la personne ne se plaindra pas immédiatement de l'ennui. Les manifestations de dépendance apparaissent toujours après la mise en place d'une ou plusieurs sources de difficulté.

Une source de difficulté peut créer un problème de santé sans qu'il n'y ait de manifestation. On parle de problème de santé potentiel ou de risque.
Retenir :
- les sources de difficultés se définissent comme étant tout empêchement à la satisfaction d'un ou plusieurs besoins fondamentaux ;
- les sources de difficultés sont de plusieurs ordres ;
- les sources de difficultés entraînent des manifestations de dépendance à plus ou moins long terme ;
- les problèmes de santé peuvent être d'origine inconnue, ou potentiels.

1.8. Soins en pratique

Les soins doivent cibler les sources de difficultés. En supprimant les causes, on réduit les manifestations de dépendance et au final on résout le problème de santé lié.

Les soins doivent également aider la personne dépendante en palliant les manifestations de dépendance. On ne permet pas la suppression directe du problème de santé. Mais, on redonne à la personne des ressources lui permettant de mieux lutter contre son problème de santé.

Exemple

Une personne hospitalisée est perfusée au bras gauche. Elle est gauchère. Pour des raisons techniques on ne pouvait pas la perfuser au bras droit. La position de la perfusion ne gêne pas la mobilité de son bras gauche. Pourtant, la patiente n'utilise pas son bras comme elle pourrait le faire par peur d'arracher la perfusion. Le problème de santé est donc la peur. Elle ne sait pas que la perfusion ne risque pas de s'arracher en utilisant son bras. La source de difficulté est un manque de connaissances. La manifestation de dépendance est la non utilisation de son bras gauche.

Si les soins prodigués se contentent de dire à la patiente de bouger son bras, on ne résout rien. Pire, on peut bloquer davantage la personne en la forçant à faire quelque chose.
Les soins doivent cibler le manque de connaissances, la source de difficulté. Il faut rassurer la patiente, lui expliquer comment la perfusion est maintenue, lui faire comprendre que les mouvements de son bras n'entraîneront pas d'arrachage de la perfusion.
En attendant que ces nouvelles connaissances soient intégrées, les soins doivent montrer comment mobiliser le bras, en accompagnant les mouvements ou en réalisant les actes de la vie courante avec la personne.

Retenir :

- **en pratique les soins ciblent les sources de difficultés pour les problèmes potentiels ;**
- les soins accompagnent la personne dans la réalisation de ses actes en privilégiant son autonomie. On pallie les manifestations de dépendance.

1.9. Dimensions des soins

On définit cinq dimensions des soins :

- la dimension préventive : il s'agit d'éviter ou de réduire les effets de la maladie ou des accidents. On distingue trois niveaux de prévention :
  - la prévention primaire : empêcher la survenue des maladies. Dans un système de santé essentiellement tournée vers le curatif, cette prévention primaire est souvent jugée insuffisante ;
  - la prévention secondaire : dépistage et traitement précoce des maladies. Il faut éviter la propagation de la maladie ;
  - la prévention tertiaire : éviter les complications de la maladie ou des traitements.
- la dimension de maintenance : continuité de la vie et maintien de la santé d'une personne ou d'un groupe. Les soins effectués par l'aide-soignant(e) ou l'auxiliaire de puériculture rentrent pleinement dans cette dimension : soins d'hygiène corporelle, aide à l'alimentation, habillement, déplacement... Ces soins doivent aider le patient à satisfaire ses besoins fondamentaux ;
- la dimension éducative : il s'agit d'informer la personne pour qu'elle puisse comprendre comment prendre en charge sa santé. Ces soins renforcent les autres dimensions des soins ;
- la dimension curative : il s'agit de traiter la maladie. On est essentiellement dans le domaine des soins infirmiers du rôle prescrit. Mais, tous les soins ont une part de curatif puisqu'ils visent à améliorer l'état de santé des personnes prises en charge ;
- la dimension de réhabilitation : il s'agit des soins de rééducation, de réinsertion, de réadaptation qui contribuent à redonner, à une personne ou un groupe, l'autonomie maximale permise par ses possibilités physiques, psychologiques et matérielles.

2. Démarche scientifique

2.1. Définition

La démarche de soins emprunte les étapes d'une démarche scientifique avec un travail de recherche. Ce type de démarche a été emprunté à la sociologie.
Les objectifs de la recherche sont :

- analyser une situation généralement problématique ;
- comprendre la situation ;
- étudier la perception de la situation par les personnes concernées ;
- trouver et proposer des solutions adaptées à la situation ;
- s'assurer que les solutions n'engendreront pas de nouveaux problèmes.

> Retenir :
> la démarche de soins est avant tout une démarche reposant sur l'analyse d'une situation.

2.2. Éléments de base

On retrouve cinq éléments dans l'analyse de situation :

- une situation problématique : la situation présente un problème ou ne répond pas aux attentes prévisibles ;
  - exemple 1 : on prend en charge une personne en hospitalisation. On relève une température corporelle anormale. La situation est problématique ;
  - exemple 2 : une personne hospitalisée bénéficie d'un traitement chirurgical. On attend une évolution rapide et positive. L'observation d'une élévation anormale de la température corporelle rend la situation problématique. Cette hausse ne correspond pas à la situation attendue.
- un opérateur de l'analyse : chaque personne observe une situation avec son regard, sa façon de percevoir les choses et surtout de les interpréter. C'est une vision subjective. Or l'analyse requiert une observation la plus objective possible ;
- une référence sociale : suivant les règles d'un groupe, une même observation n'aura pas la même signification. Ce qui est problématique dans un groupe ne l'est pas forcément dans un autre groupe ;
- des connaissances : qui permettent à l'analyse de prendre en compte différentes dimensions et d'être plus complète ;
- des techniques : observation, entretiens, études de documents...

2.3. Les trois étapes de la démarche scientifique

2.3.1. Description des faits : l'analyse descriptive

Cette étape regroupe les deux opérations suivantes :

- collecte des informations ;
- traitement des informations.

La collecte des informations : c'est l'étape essentielle de la démarche. Les éléments recueillis doivent être complets et objectifs. La méthode la plus simple à utiliser est la méthode QQOQCCP :

qui ? quoi ? où ? quand ? comment ? combien ? et pour chaque question pourquoi ?
Le recueil est idéalement réalisé sur un support reprenant les différentes questions.

Le traitement des informations : il ne s'agit pas d'interpréter les données recueillies. Les données doivent être classées et présentées pour que la situation analysée puisse être étudiée.

Cette analyse description conditionne le reste de la démarche.

2.3.2. Opérations liées à la réflexion

Cette étape regroupe les deux phases suivantes :
- phase explicative ;
- phase de synthèse.

La phase explicative : il s'agit de donner un sens aux données recueillies lors de l'analyse descriptive. Attention : donner un sens ne veut pas dire interpréter subjectivement les données ! La méthode la plus simple consiste à se poser les questions suivantes : pourquoi une telle situation ? causes ? signification ? ...

L'explication de la situation est argumentée. C'est une façon de rester objectif en s'appuyant sur des données théoriques connues.

La phase de synthèse : la synthèse résume les étapes précédentes.

2.3.3. Résolution du problème

La résolution du ou des problèmes soulevés dans la phase de synthèse appelle les étapes suivantes :
- objectifs à atteindre ? Un bon objectif atteint permet de résoudre le problème posé ;
- principe de réalité : tout n'est pas possible. Les solutions utopistes pourraient résoudre un problème en théorie mais pas en pratique ;
- solutions ? En fonction des choses possibles, toutes les solutions sont envisageables ;
- programmer les solutions retenues avant de les mettre en œuvre ;
- observer les effets des solutions mises en œuvre et sur le principe du « feedback » réajuster si nécessaire.

3. Démarche de soins

3.1. Généralités

Nous appliquons les principes de la démarche scientifique pour réaliser une démarche de soins.

L'objectif final est la mise en place de soins adaptés. On reprend les différentes étapes vues précédemment.

3.2. Collecte des données

En situation de soins, les données sont disponibles :
- auprès de la personne prise en charge via des entretiens directs ;
- par l'observation de la personne et de son environnement ;
- par la lecture des documents de prise en charge (dossier médical, dossier de soins...).

> Lors du concours, les éléments ont été recueillis par une tierce personne qui vous les communique dans un texte global.

3.3. Traitement des données

On distingue :

- les données stables ;
- les données variables qui permettront de définir le niveau de dépendance de la personne prise en charge.

3.3.1. Données stables

Les données stables caractérisent la personne prise en charge. Toutes ces données ne sont pas impératives, mais elles facilitent la compréhension d'une situation.

On retrouve :

- les renseignements d'ordre physique :
  - nom, prénom ;
  - âge ;
  - sexe ;
  - taille ;
  - poids, rapport staturo-pondéral, IMC ;
  - groupe sanguin, allergies...
- les renseignements d'ordre psychologique (caractère, état d'esprit...) ;
- les renseignements d'ordre social (situation familiale, liens sociaux, profession, mode de prise en charge...) ;
- les renseignements d'ordre culturel (religion, langue...) ;
- les renseignements propres à l'affection médicale en cours :
  - les antécédents qui ont un lien avec l'état de santé actuel ;
  - date d'entrée, date de l'intervention chirurgicale éventuelle, diagnostic initial, examens mis en place...

3.3.2. Données variables

Par définition, ces données vont évoluer au cours de la prise en charge de la personne.

Données liées aux besoins fondamentaux

On utilise la théorie des soins selon Virginia Henderson, celle-ci étant la plus répandue.

Les données recueillies sont les manifestations d'indépendance et de dépendance que le soignant pourra observer et mesurer. Les données seront classées et associées à chaque besoin fondamental.

> **Remarque** : le soignant ne mesurera que les données pour lesquelles il est habilité.

Ci-après quelques données à rechercher pour chaque besoin fondamental :

Respirer
• Rythme respiratoire. • Amplitude respiratoire. • Liberté des voies aériennes. • Coloration de la peau, des muqueuses, des phanères. • Réflexe de la toux.
S'alimenter et s'hydrater
• Dentition, muqueuse buccale, langue. • Appareil dentaire. • Mastication, déglutition, digestion. • Habitudes alimentaires.
Éliminer
• Urines (caractéristiques). • Selles (caractéristiques). • Sueur, expiration...
Se mouvoir et conserver une bonne posture
• Positions du corps et des membres. • Mouvements (limitations, contraintes, aptitudes).
Dormir et se reposer
• Sommeil (durée, qualité). • Périodes de détentes ou de loisirs.
Se vêtir et se dévêtir
• Capacités à se vêtir et se dévêtir. • Type d'habillement.
Maintenir la température du corps dans les limites de la normale
• Mesure de la température corporelle. • Sueur, aspect cutané...
Être propre, soigné et protéger ses téguments
• Aptitude à faire sa toilette. • Aspects corporels.
Éviter les dangers
• Mécanismes de défense. • Environnement.
Communiquer avec ses semblables
• Organes des sens. • Aptitudes à communiquer. • Qualité de l'expression et de la compréhension. • Liens sociaux.
Agir selon ses croyances et ses valeurs
• Liens avec des groupes religieux ou sociaux. • Recherche de spiritualité.
S'occuper en vue de se réaliser
• Estime ou image de soi. • Implication sociale ou professionnelle.
Se récréer
• Loisirs adaptés.

Apprendre

- Capacité d'apprendre.
- Compréhension de la situation de soins.

Analyse descriptive

Chaque signe relevé doit être classé entre manifestation de dépendance et manifestation d'indépendance.

C'est ainsi que l'on va déterminer la satisfaction ou la non-satisfaction des besoins fondamentaux de la personne. On décrit la situation de la personne.

Exemple

On relève pour une personne prise en charge les signes suivants :

- rythme respiratoire, 15 par minute ;
- absence d'essoufflement ;
- température corporelle de 39°C ;
- sueur et transpiration importantes.

Dans un premier temps ces signes doivent être associés aux besoins fondamentaux correspondants :

- respirer :
  - rythme respiratoire, 15 par minute ;
  - absence d'essoufflement.
- maintenir la température du corps dans les limites de la normale :
  - température corporelle de 39°C ;
  - sueur et transpiration importantes.

Ensuite, chaque signe doit être classé entre dépendance et indépendance :

- respirer :
  - rythme respiratoire, 15 par minute : signe d'indépendance ;
  - absence d'essoufflement : signe d'indépendance.
- maintenir la température du corps dans les limites de la normale :
  - température corporelle de 39°C : signe de dépendance ;
  - sueur et transpiration importantes : signe de dépendance.

Cette première analyse faite, il faut faire appel à ses connaissances professionnelles pour prolonger la réflexion.

Le besoin de respirer est satisfait selon les signes observés et mesurés, signes d'indépendance. Cette notion d'indépendance a son intérêt car elle donne à la personne prise en charge des ressources mobilisables pour éventuellement compenser d'autres besoins.

Le besoin de maintenir la température du corps dans les limites de la normale est perturbé. La température relevée est au-dessus de la normale et la présence de sueurs et de transpiration signe une hausse de la température corporelle. À ce stade de l'analyse et d'après nos connaissances, ces observations peuvent être causées par une infection. Peut-être également que cette personne ne suit pas correctement, ou n'a pas, ou ne réagit pas comme prévu, à un traitement médicamenteux dirigé contre l'infection ou une autre cause de cette hyperthermie.

C'est en recherchant la totalité des signes observables et mesurables que l'on pourra compléter cette analyse et peut-être définir plus précisément les causes de l'hyperthermie.

Il faut relier toutes les observations faites pour dégager les problèmes de santé. Les signes de dépendance et les signes d'indépendance sont à prendre en considération.

Il est recommandé de classer en même temps les signes selon les 14 besoins de V. Henderson et selon les définitions de l'indépendance et de la dépendance.

4. Analyse de situation

4.1. Plan type

Dans un devoir écrit, l'analyse doit toujours faire apparaître un plan logique.

Introduction
• Données essentielles sur le patient : âge, sexe, situation sociale, familiale, mode de prise en charge. • Motif de l'hospitalisation et circonstances de survenue de la pathologie (accident, maladie, rechute...), mode d'hospitalisation.
La ou les maladies
• Définition, physiopathologie. • Étiologies, facteurs de survenue, antécédents.
Prescriptions
• Examens mis en place. • Principaux traitements médicamenteux.
Signes et données observables
• Classement par thématique (signes somatiques, signes psychologiques...). ou • Classement selon les 14 besoins fondamentaux.
Synthèse
• Résumé des principaux problèmes de santé rencontrés chez le patient à ce jour.

Le plan de soins ne fait pas partie de l'analyse.

4.2. Contenu

Cette analyse regroupe :

- l'analyse descriptive ;
- l'analyse explicative.

On retrouve dans l'analyse descriptive toutes les informations recueillies classées par rubrique avec les données stables, les manifestations de dépendance et d'indépendance.

L'analyse explicative permet de dégager les problèmes de santé réels ou potentiels. C'est une étape essentielle qui conditionne la mise en place des actions de soins adaptées.

4.3. Étapes de l'analyse explicative

À partir de la description de la situation réalisée précédemment (analyse descriptive) on va rechercher les explications nécessaires.

Quelles sont les origines des manifestations de dépendance ?

Les sources de difficultés entraînent plus ou moins rapidement des manifestations de dépendance. Mais, les manifestations de dépendance peuvent avoir plusieurs sources de difficultés.

Il faut s'appuyer sur ses connaissances et sur l'environnement de la personne pour trouver la bonne source de difficulté. À défaut on cerne les hypothèses les plus probables.

Exemple

On relève les éléments suivants :

- se mouvoir et conserver une bonne posture :
  - reste alité toute la journée : signe de dépendance ;
  - absence de mobilisation volontaire : signe de dépendance.
- être propre, soigné et protéger ses téguments :
  - rougeur au sacrum : signe de dépendance.

L'alitement toute la journée est peut être induit par une nécessité thérapeutique. Ou la personne n'a peut-être pas envie de se lever, par fatigue. L'élément suivant, « absence de mobilisation volontaire » ne permet pas de déterminer la source de difficulté.

La rougeur au sacrum signe une pression prolongée de la zone ou une irritation ou une lésion dermatologique particulière.

Passer d'une vision fractionnée à une vision globale.

Les 14 besoins fondamentaux donnent une vision complète mais fractionnée de la personne.

Il faut établir des liens entre les différents éléments. C'est la recherche des liens de cause à effet entre les différents besoins. Plusieurs besoins peuvent être perturbés. Mais un seul besoin peut entraîner des perturbations d'autres besoins.

Exemple

- Se mouvoir et conserver une bonne posture :
  - reste alité toute la journée : signe de dépendance ;
  - absence de mobilisation volontaire : signe de dépendance.
- Être propre, soigné et protéger ses téguments :
  - rougeur au sacrum : signe de dépendance.

Les deux besoins cités sont perturbés. Mais, la rougeur au sacrum est peut-être une conséquence de l'alitement prolongé. Le deuxième problème de santé perturbé est une conséquence du premier problème.

Hiérarchiser les problèmes de santé.
La hiérarchisation des problèmes se fait essentiellement par le degré d'urgence. On peut également utiliser les théories de soins selon Maslow ou Linton.

4.4. Rédaction de l'analyse de situation

Généralement, toutes les étapes précédentes ont donné lieu à l'établissement d'un tableau récapitulatif des données relevées, des manifestions de dépendance et indépendance, des liens entre les différents éléments et des problèmes de santé.

La rédaction de l'analyse doit reprendre les éléments clés de ce tableau. Les liens doivent clairement apparaître.

Exemple

À ce jour nous sommes en présence de...

Cette personne présente une rougeur au sacrum perturbant le besoin d'être propre et protéger ses téguments. Cette rougeur au sacrum est liée à la perturbation du besoin de se mouvoir et conserver une bonne posture qui se manifeste par un alitement prolongé sans mobilisation volontaire.

5. Plan de soins

5.1. Principe

Réaliser une brillante analyse de situation est une première étape indispensable. À partir de là le soignant peut établir un plan de soins au bénéfice de la personne prise en charge.

Un plan de soins prend en compte :
- les ressources propres à la personne disponibles (signes d'indépendance) ;
- les ressources extérieures disponibles ;
- les objectifs à atteindre ;
- les soins pertinents à proposer ;
- la planification des soins ;
- le contrôle type feedback de la démarche.

Attention : restez impérativement dans votre champ de compétences AS ou AP.

5.2. Objectifs de soins

L'objectif de soin n'est pas un objectif du soignant. C'est un objectif assigné par le soignant à la personne prise en charge.

Un objectif de soins doit :
- préciser qui fait quoi ;
- préciser ce qui est fait par la personne ;
- préciser ce qui est fait par le soignant pour la personne ;
- comment et quand se déroule l'action.

Des verbes pour formuler des objectifs de soins :

Accepter	Définir	Garder	Préparer
Adhérer	Délimiter	Guider	Prescrire
Administrer	Demander	Identifier	Prévenir
Adopter	Démonter	Implanter	Procéder
Affirmer	Démontrer	Inférer	Produire
Agir	Déplacer	Informer	Programmer
Aider	Démontrer	Inscrire	Promouvoir
Ajouter	Déplacer	Inspecter	Protéger
Ajuster	Dessiner	Installer	Raconter
Aligner	Détailler	Interpréter	Rassembler
Analyser	Déterminer	Interviewer	Rassurer
Appliquer	Développer	Introduire	Réaliser
Approuver	Diagnostiquer	Inventorier	Rechercher
Arranger	Dire	Joindre	Réciter
Assembler	Diriger	Jouer	Recueillir
Assister	Discuter	Juger	Rédiger
Assumer la	Disposer	Justifier	Régler
responsabilité	Distinguer	Lire	Réguler
Budgétiser	Donner	Lister	Remplacer
Calculer	Échanger	Maintenir	Remplir
Cataloguer	Écrire	Manipuler	Rencontrer
Changer	Effectuer	Marchander	Rendre compte
Chiffrer	Employer	Marcher	Réparer
Choisir	Encourager	Mener	Résoudre
Classer	Enlever	Mesurer	Résumer
Classifier	Énoncer	Mobiliser	Réviser
Collaborer	Enregistrer	Modifier	Sauvegarder
Collecter	Enseigner	Montrer	Sélectionner
Communiquer	Entraîner	Narrer	Séparer
Comparer	Énumérer	Nommer	Soigner
Compléter	Envoyer	Noter	Solutionner
Connecter	Ériger	Observer	Souligner
Conseiller	Établir	Obtenir	Spécifier
Conserver	Étiqueter	Opposer	Suppléer
Construire	Évaluer	Organiser	Surveiller
Contraster	Éviter	Orienter	Synthétiser
Contribuer	Examiner	Partager	Tenir
Contrôler	Exécuter	Participer	Tenir compte
Coopérer	Expérimenter	Piloter	Tracer
Coordonner	Expliquer	Placer	Traduire
Corriger	Exprimer	Plaider	Traiter
Créer	Exposer	Planifier	Travailler
Critiquer	Faciliter	Poursuivre	Utiliser
Décider	Faire construire	Pourvoir	Vérifier
Décrire	Faire part	Pratiquer	
Défendre	Fournir	Prédire	

5.3. Actions de soins

Les actions de soins doivent correspondre aux objectifs de soins et rester dans le cadre de l'exercice AS ou AP.

Les actions ciblent les sources de difficultés ou les manifestations de dépendance en respectant l'autonomie de la personne.

L'action de soins doit être précise et claire afin de faciliter son évaluation et sa mise en œuvre pratique.

Chapitre 6
Analyse et synthèse de situation : application pratique

1. Introduction

L'analyse d'une situation professionnelle qui vous est demandée doit mettre en évidence votre capacité à prendre en charge un patient pour les soins relevant de votre diplôme d'État d'AS ou d'AP.

Retenez qu'il ne faut en aucun cas sortir de votre champ de compétences AS ou AP et qu'il faut oublier les quelques dérives du quotidien...

2. Présentation d'un cas concret

L'exercice est avant tout un exercice écrit.

Des données concernant un patient sont présentées dans un texte. Votre objectif est d'analyser ces données, de les reclasser et d'en tirer une conduite soignante adaptée à la situation présente.

Exemple

Vous êtes affecté dans un service hospitalier de médecine. Les repas sont actuellement distribués dans toutes les chambres. Vous prenez en charge un patient, Monsieur L., 78 ans, présentant des troubles de la déglutition. Analysez cette situation.

Réponse 1 : Je prends en charge Monsieur L. 78 ans, qui présente des troubles de la déglutition.

Commentaire : Vous n'avez fait que recopier les éléments du texte, sans la moindre analyse.

Réponse 2 : Monsieur L., 78 ans, patient dont j'ai la charge, présente des troubles de la déglutition. Au moment de la prise des repas je m'assure de la bonne installation de Monsieur L. face à son plateau repas. Je reste auprès de lui pour prévenir les fausses routes. Je m'assure par exemple que les aliments sont coupés finement.

Commentaire : Vous avez repris tous les éléments du texte pour les analyser et en dégager une conduite à tenir optimale pour ce patient.

3. Objectifs de l'analyse

Votre analyse veillera à :

- être adaptée au patient décrit ;
- à améliorer la qualité de vie du patient décrit et notamment son autonomie ;
- à éviter toute aggravation de la santé du patient par une prévention efficace.

3.1. Adaptation au patient décrit

Le plus simple est de se baser sur une analyse spécifique des besoins fondamentaux perturbés.

On utilisera les 14 besoins décrits par Virginia Henderson. C'est un bon moyen pour visualiser le patient.

Exemple

Monsieur L., 50 ans, aveugle est pris en charge dans votre service, où vous exercez cette après-midi. Il dit s'ennuyer.

Réponse 1 : Je lui apporte des magazines pour l'occuper.

Commentaire : Vous n'avez pas pris en compte que ce patient est aveugle. L'apport de magazines n'est pas une très bonne idée. Vous n'avez pas vu juste !

Réponse 2 : Le besoin fondamental « se récréer » est perturbé pour Monsieur L.. Je lui propose de venir dans la salle commune afin d'écouter la radio FM présente dans le service. S'il refuse je lui propose de faire une promenade dans le service (sous réserve de non contre indication à la mobilisation). En fin d'après-midi, je m'assurerai que son ennui a diminué et que son besoin de se « récréer » est moins perturbé.

Commentaire : On analyse le ou les besoins perturbés et on agit avec des actions ciblées pour corriger la ou les perturbations relevées.

3.2. Améliorer la qualité de vie et l'autonomie

Tout faire à la place du patient est un réflexe d'assistance fréquent. Mais, ne jamais oublier que le passage en lieu de soins est bien souvent provisoire et temporaire.

Les actions de soins proposées assistent le patient, mais doivent l'aider à recouvrer une certaine autonomie.

Exemple

Monsieur B, 40 ans est hospitalisé dans le service de chirurgie orthopédique après traitement chirurgical d'une fracture du scaphoïde. Il est fatigué mais ne présente aucune contre indication à la marche. Il doit se rendre dans le service de radiologie, situé sur le même palier pour un contrôle radiographique.

Réponse 1 : Il est fatigué, je prends un fauteuil roulant, l'installe dessus et l'emmène à son examen radiologique. À l'issue je le ramène en fauteuil roulant dans sa chambre.

Commentaire : Nul doute, vous n'aurez pas aggravé la fatigue de votre patient. Mais, est ce bien efficace de pallier aussi fortement à un problème de santé discutable ?

Réponse 2 : La fatigue est un signe. Je m'assure auprès de Monsieur B de la nature de cette fatigue. A t-il mal dormi la nuit précédente ? A t-il des effets secondaires d'un traitement médical ? L'hospitalisation est en elle-même une source de fatigue. Je lui propose de l'accompagner, en marchant, vers le service de radiologie, lui expliquant l'intérêt de retrouver une autonomie dans ces déplacements. Je le rassure en lui expliquant que si la fatigue est trop pénalisante, on prendra un fauteuil roulant pour le retour en chambre. Je l'encourage lors de la marche et le félicite de son effort malgré la fatigue présente. Si je vois qu'il s'épuise de trop, j'utilise un fauteuil roulant.

Commentaire : Le soin est adapté au problème de santé présent. Je laisse au patient le soin de retrouver une autonomie de déplacement tout en mesurant le moment opportun pour apporter une aide complémentaire.

3.3. Éviter toute aggravation

Quoi de plus naturel qu'éviter l'aggravation de l'état de santé de son patient ? Si la prise en charge soignante n'est pas adaptée au patient, ou, si l'analyse de la situation est erronée, on prend un risque allant de l'inefficacité à l'aggravation de la situation.

Exemple

Madame L. est hospitalisée dans votre service. Elle a 85 ans, se déplace difficilement et présente des vertiges fréquents liés à des troubles tensionnels. Mais, elle a un solide caractère et veut bien faire. Elle a un rendez-vous en radiologie cette après-midi.

Réponse 1 : Je lui apporte le billet de consultation de radiologie. Je lui indique le chemin et lui demande d'être à l'heure à son rendez-vous. Elle me certifie qu'elle peut y aller seule, je lui fais confiance.

Commentaire : C'est un bon sentiment de vouloir faire confiance au patient. Mais compte tenu de son âge et de ses problèmes de vertiges, on prend un risque important de chute si on la laisse se déplacer seule.

Réponse 2 : J'explique à Madame L. la teneur de son rendez-vous. Je confirme que le besoin fondamental, se mouvoir et maintenir une bonne posture, est perturbé. Il y a un risque de chute important. Je propose à Madame L. de l'accompagner à son rendez-vous. Je prévois un temps de trajet suffisamment long pour faire des pauses et l'asseoir si besoin. Je lui explique les risques liés à ses vertiges et l'absolu nécessité d'y faire attention. Une chute est possible et il faut l'éviter.

Commentaire : On prend en compte tous les éléments descriptifs du patient. On adapte sa conduite en veillant à ne pas aggraver l'existant. Si le risque de chute est important, on évite de soumettre le patient à ce risque, ou on assure un accompagnement limitant le risque de chute.

4. Gérer son temps

Le concours spécifique se déroule en 2 heures. Les trois analyses de situation proposées sont à traiter dans ce laps de temps.

Le premier quart d'heure est consacré à la lecture du sujet. Nous vous conseillons de lire entièrement le sujet proposé. Ainsi, vous repérerez rapidement les difficultés éventuelles.

Le dernier quart d'heure doit être consacré à la relecture de votre copie.

Il reste 1 h 30 pour traiter les trois sujets, soit en théorie 30 min par sujet. En fait, la répartition du temps entre les sujets va dépendre de la question posée. Un sujet pourra facilement être traité en 10 minutes alors qu'un autre nécessitera près d'une heure.

Attention aux questions numériques. Elles sont souvent plus chronophages que l'on ne pense.

5. Gérer les points

Le barème est généralement affiché sur le sujet.
On peut privilégier certaines questions fortement dotées en points (si le détail est affiché). Retenez que chaque point a son importance.

Chaque question doit être traitée.

Chapitre 7
Questions numériques : rappels mathématiques et exercices

L'infirmier est amené à manipuler des nombres et des chiffres pour réaliser sans difficulté les tâches quotidiennes (calculs de doses, réglages, relevés...).

Lors du concours une question numérique vous demandera de mobiliser les règles de base de calcul.

1. Nombre

Les chiffres sont aux nombres, ce que les lettres sont aux mots. On écrit des nombres avec des chiffres. Lorsqu'on écrit, on s'applique à tout mettre en œuvre pour que le lecteur n'ait aucun souci de lisibilité et de compréhension.

C'est particulièrement vrai pour l'écriture des chiffres et donc des nombres. Un doute sur un nombre, c'est une erreur potentielle de dosage.

Sur le schéma ci-contre, vous pouvez noter différentes écritures et différentes qualités de lisibilité.

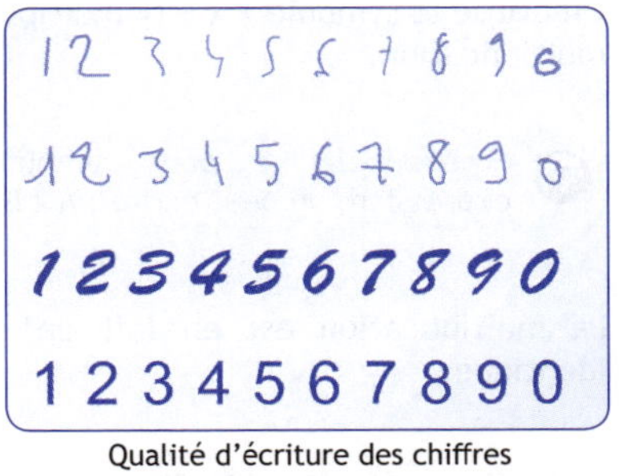

Qualité d'écriture des chiffres

Assurez-vous lors de la rédaction de votre copie d'être lisible, sans interprétation possible de vos résultats chiffrés.

2. Addition

L'addition est une opération simple qui permet d'obtenir une somme de deux ou plusieurs nombres.

On utilise le symbole « + » (« plus ») pour exprimer l'addition.

Pour additionner deux ou plusieurs nombres, on additionne successivement les unités puis les dizaines, puis les centaines...

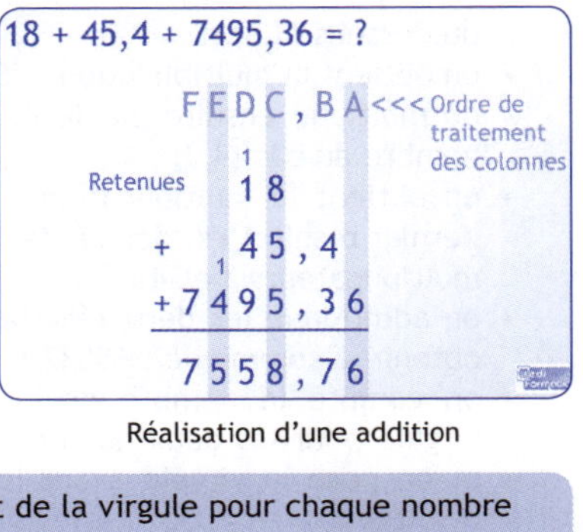

Réalisation d'une addition

> Il ne faut pas oublier les retenues successives et le respect de la virgule pour chaque nombre décimal.

3. Soustraction

La soustraction est une opération simple qui permet d'obtenir une différence entre deux nombres.

On utilise le symbole « - » (« moins ») pour exprimer la soustraction.

Pour soustraire un nombre d'un autre nombre, on soustrait successivement les unités puis les dizaines, puis les centaines...

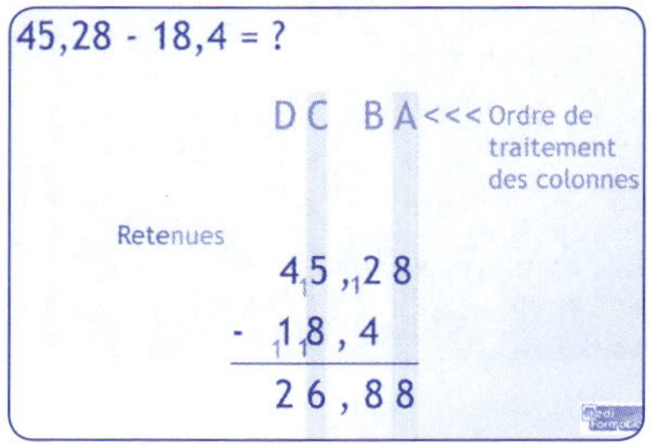

Réalisation d'une soustraction

Il ne faut pas oublier les retenues successives et le respect de la virgule pour chaque nombre décimal.

4. Multiplication

La multiplication est une opération simple qui permet d'obtenir un produit de deux ou plusieurs nombres.

On utilise le symbole « x » (« multiplié ») pour exprimer la multiplication.

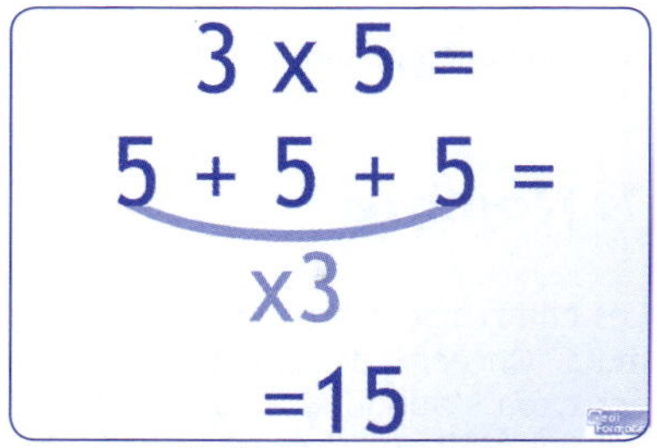

La multiplication est une addition

Remarque : pour simplifier l'écriture d'une expression, on peut écrire : A x B = AB.

La multiplication est en fait une addition d'éléments identiques.

	1	2	3	4	5	6	7	8	9	10
1	1	2	3	4	5	6	7	8	9	10
2	2	4	6	8	10	12	14	16	18	20
3	3	6	9	12	15	18	21	24	27	30
4	4	8	12	16	20	24	28	32	36	40
5	5	10	15	20	25	30	35	40	45	50
6	6	12	18	24	30	36	42	48	54	60
7	7	14	21	28	35	42	49	56	63	70
8	8	16	24	32	40	48	56	64	72	80
9	9	18	27	36	45	54	63	72	81	90
10	10	20	30	40	50	60	70	80	90	100

Table de multiplication

Rappel : la table de multiplication ne doit pas être qu'un lointain souvenir.

Réalisation d'une multiplication de deux nombres décimaux :

- on pose la multiplication ;
- on commence par multiplier le nombre du dessus (15,24) par le chiffre le plus à droite (3) du nombre du dessous (4,3) ;
- on obtient la multiplication : 1524 x 3 = 4572 ;
- on multiplie ensuite par le deuxième chiffre (4) du nombre du bas (4,3) ;
- on obtient la multiplication : 1524 x 4 = 6096. Ce dernier résultat est décalé de la même façon que les multiplicateurs 3 et 4 ;
- on additionne les deux résultats ainsi décalés, pour obtenir la somme de : 65532 ;
- on compte le nombre de chiffres situés après la virgule pour les deux nombres multipliés, soit trois, et on pose la virgule avant le troisième chiffre du résultat ;
- le résultat final de la multiplication est : 65,532.

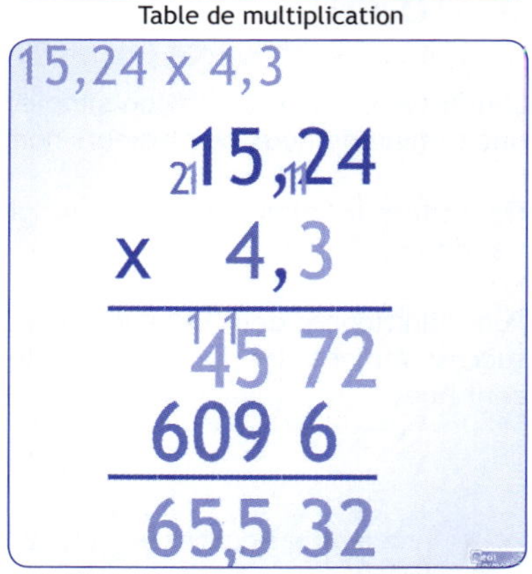

Multiplication de deux nombres décimaux

5. Division

La division est l'opération mathématique qui pose le plus de difficultés aux soignants, surtout si la calculatrice est absente.

> Il est impératif de savoir réaliser une division manuellement.

Si besoin est, prenez le temps de décortiquer les différentes étapes de la division.

La division permet de partager un nombre en parts égales.

On utilise le symbole « : » (« divisé ») pour exprimer la division.

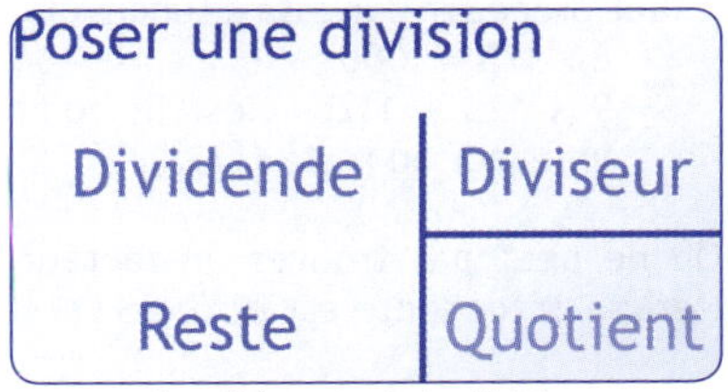

Les éléments de la division

On utilise parfois le symbole « / » en présence de lettres. A : B = A/B

La division comporte les éléments suivants :
- le dividende : le nombre qu'il faut partager ;
- le diviseur : le nombre de parts égales à obtenir dans le dividende ;
- le quotient : la valeur d'une part ;
- le reste : ce qui reste à partager. Si le reste est nul, on parle de division exacte.

Pour effectuer une division, on place les différents éléments selon le schéma proposé.

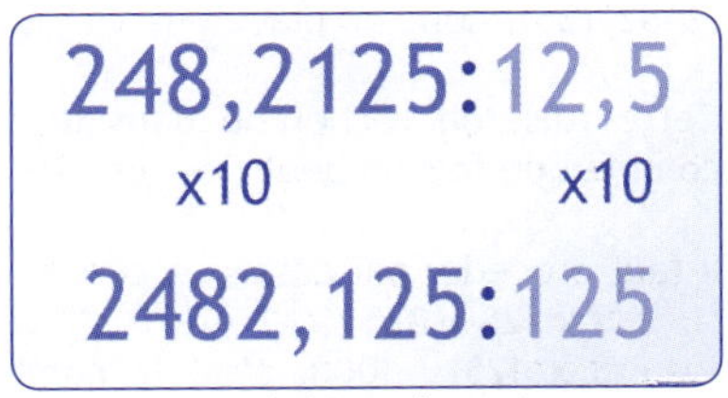

La division : étape 1

La division est présentée sous la forme :
- **dividende : diviseur.**

On ne peut pas procéder directement à une division avec un nombre décimal comme diviseur.

> Il faut multiplier les deux éléments de la division par un facteur 10, autant de fois que nécessaire, pour obtenir un diviseur entier.

On pose la division avec **dividende** (2482,125) et **diviseur** (125).

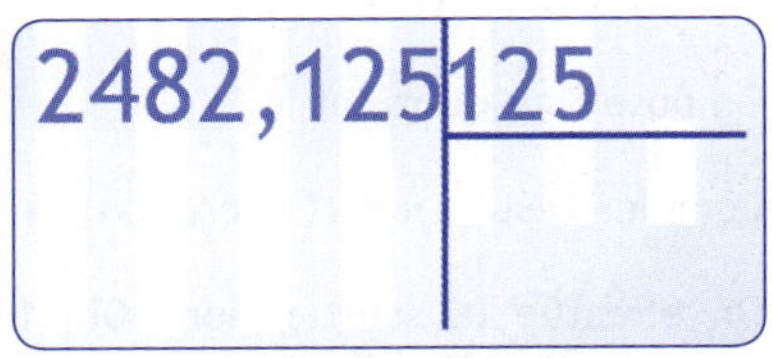

La division : étape 2

Le **diviseur** (125) comporte unité, dizaine et centaine.

On recherche dans le **dividende** (2482,125), dans la partie la plus à gauche un nombre permettant de placer au moins une fois le **diviseur** (125). On essaye avec « 2 » puis « 24 » et enfin « 248 ».

Combien de fois peut-on trouver le **diviseur** (125) dans 248 ?

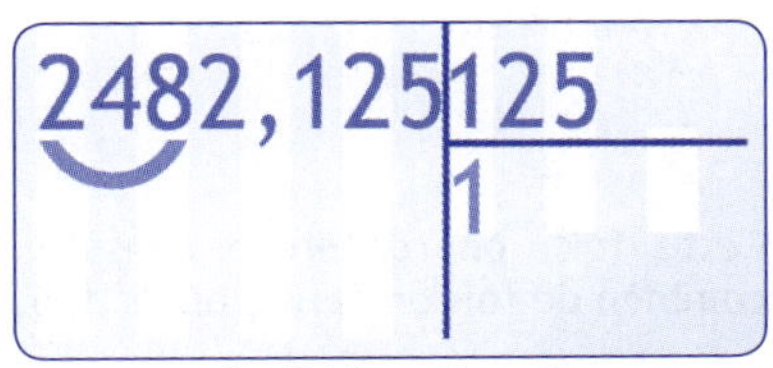

La division : étape 3

On peut placer 125 une seule fois dans 248 (1 x 125 = 125 ; alors que 2 x 125 = 250 et 250 > 248).

On pose donc le premier chiffre du quotient (1).

Combien reste t-il de cette première opération 1 x 125 = 125 sur 248 ?

On effectue la soustraction 248-125 pour trouver un reste de 123, (123 < 125) noté sous le dividende.
Puis on abaisse un élément du **dividende**, le 2.

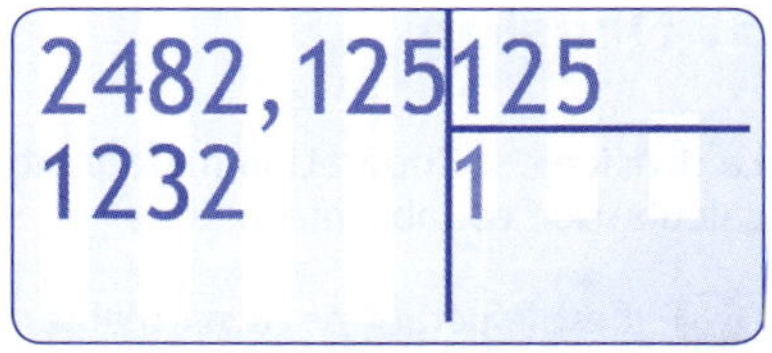

La division : étape 4

Cette fois on recherche dans le nouveau reste (1232) combien de fois on peut trouver 125.

Il faut procéder par essais successifs :

- 8 x 125 = 1000 ;
- 9 x 125 = 1125, c'est le nombre le plus proche et inférieur au reste (1232).

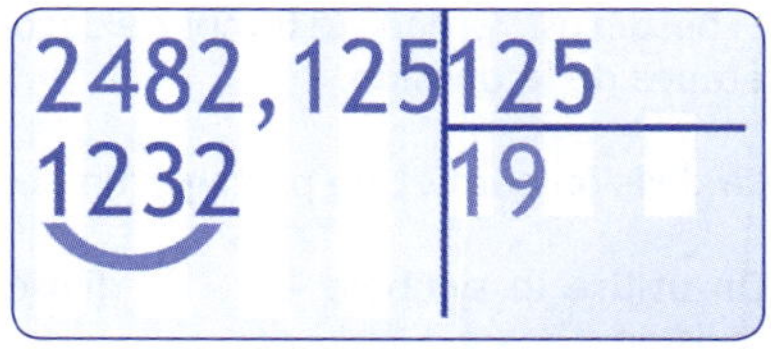

La division : étape 5

On ne peut pas trouver un facteur supérieur à 9, sinon l'étape précédente est erronée !

On pose 9 au quotient.

Combien reste t-il de l'opération 9 x 125 = 1125 sur 1232 ?

On effectue la soustraction 1232-1125 pour trouver un reste de 107, (107 < 125) puis on abaisse un nouvel élément du **dividende**, le 1.

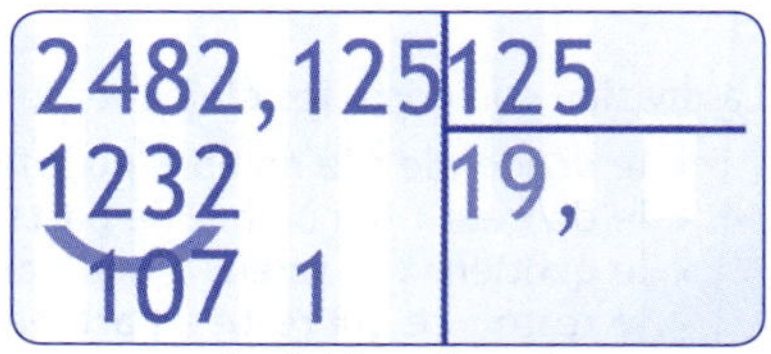

La division : étape 6

Or, cet élément est situé après la virgule du **dividende** (2482,125), donc on place une virgule dans le **quotient** (19,)

Cette fois, on recherche dans le nouveau reste (1071) combien de fois on peut trouver 125.

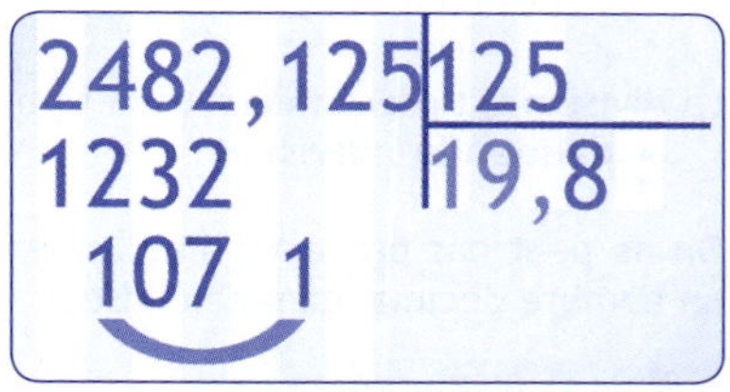

La division : étape 7

Il faut procéder par essais successifs :

- 7 x 125 = 875 ;
- 8 x 125 = 1000, c'est le nombre le plus proche et inférieur au reste (1071) ;
- 9 x 125 = 1125 (> 1071).

On pose 8 au **quotient**.

Combien reste t-il de l'opération 8 x 125 = 1000 sur 1071 ?

On effectue la soustraction 1071-1000 pour trouver un reste de 71, (71 < 125) puis on abaisse un nouvel élément du **dividende**, le 2.

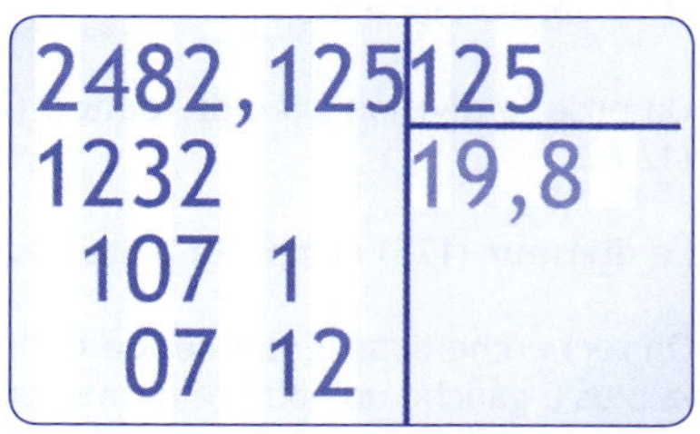

La division : étape 8

Cette fois, on recherche dans le nouveau reste (712) combien de fois on peut trouver 125.

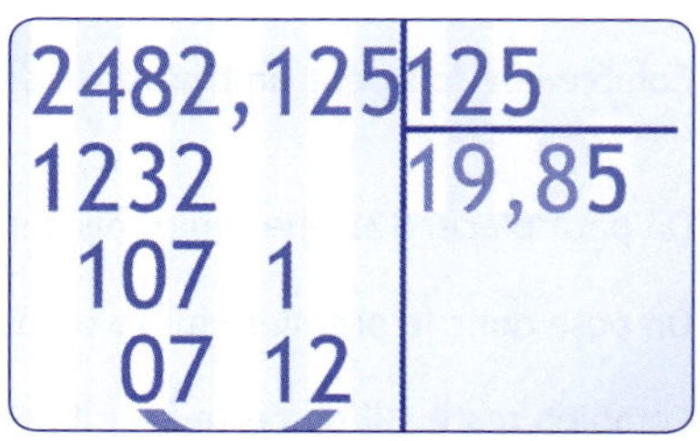

La division : étape 9

Il faut procéder par essais successifs :

- 4 x 125 = 500 ;
- 5 x 125 = 625, c'est le nombre le plus proche et inférieur au reste (712) ;
- 6 x 125 = 750 (> 712).

On pose 5 au **quotient**.

Combien reste t-il de l'opération 5 x 125 = 625 sur 712 ?

On effectue la soustraction 712-625 pour trouver un reste de 87, (87<125) puis on abaisse un nouvel élément du **dividende**, le 5.

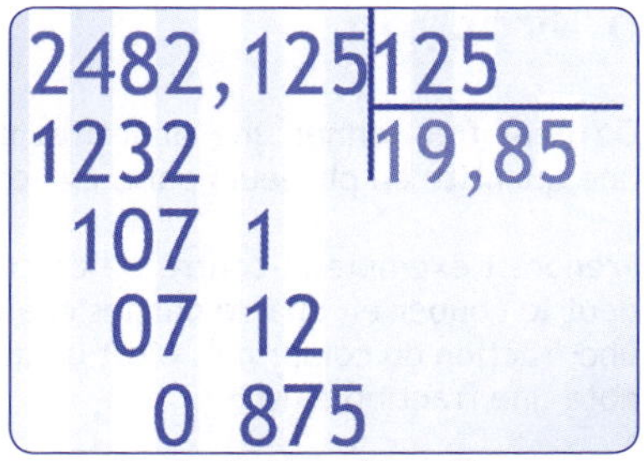

La division : étape 10

Cette fois, on recherche dans le nouveau reste (875) combien de fois on peut trouver 125.

Il faut procéder par essais successifs :

- 6 x 125 = 750 ;
- 7 x 125 = 875, c'est le nombre le plus proche du reste.

On pose 7 au **quotient**.

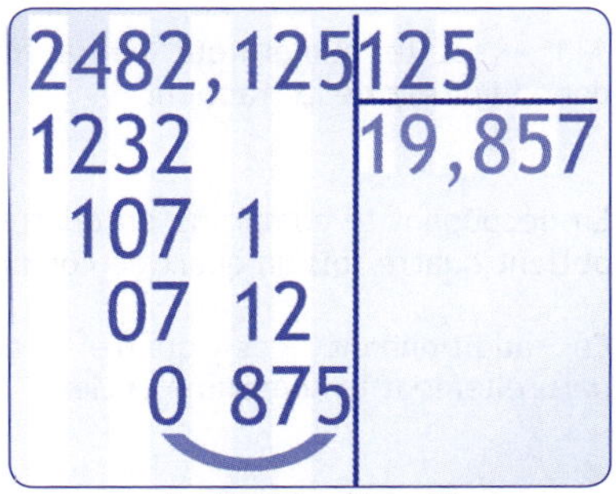

La division : étape 11

Combien reste t-il de l'opération 7 x 125 = 875 sur 875 ?

La soustraction est simple 875 - 875 = 0.

Le reste est égal à zéro. Il n'y a plus aucun élément du **dividende** à abaisser. L'opération de division est terminée. C'est donc une division exacte.

Si le reste est différent de zéro, on abaisse un zéro du **dividende**. Le **dividende** peut en effet s'écrire : 2482,125000... avec une infinité de zéros.

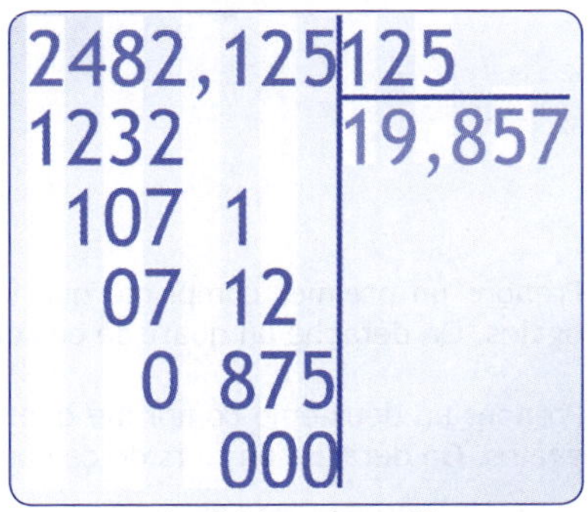

La division : étape 12

La division peut se poursuivre indéfiniment, tant que le reste n'est pas nul.

Astuce : afin de vérifier l'exactitude de son calcul, il faut multiplier le diviseur par le quotient pour trouver le dividende auquel on ajoute le reste s'il y en a un.

Entraînez-vous à réaliser des divisions, ...sans utiliser de calculatrice !

6. Fraction

On peut fractionner une quantité, c'est-à-dire découper une quantité en plusieurs parts égales.

Prenons l'exemple ci-contre de ce comprimé sécable : on peut le couper en quatre parties égales. Chaque partie est une fraction du comprimé, c'est un quart du comprimé. On note une fraction ainsi :

$$\frac{1}{4}$$

« 1 » est le numérateur de la fraction, et « 4 » le dénominateur de la fraction.

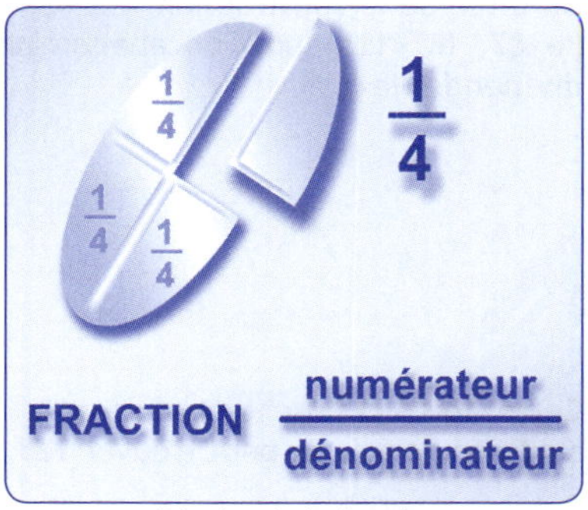

Principe de la fraction

En découpant le comprimé en quatre fractions égales, on obtient quatre fois un quart de comprimé.

En additionnant ces quatre fractions, on obtient naturellement le comprimé entier.

$$\frac{4}{4} = 1 = \frac{1}{1}$$

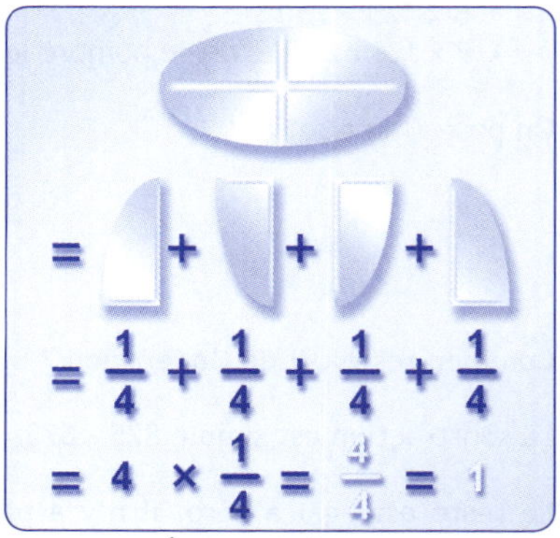

Écriture de fraction

Prenons un premier comprimé que l'on coupe en 4 parts égales. On détache un quart de ce comprimé (1/4).

Prenons un deuxième comprimé que l'on coupe en 3 parts égales. On détache un tiers de ce comprimé (1/3).

Prenons un troisième comprimé que l'on coupe en 12 parts égales. On détache un douzième de ce comprimé (1/12).

On parle d'écriture fractionnaire, chaque fraction représente une fraction du comprimé.

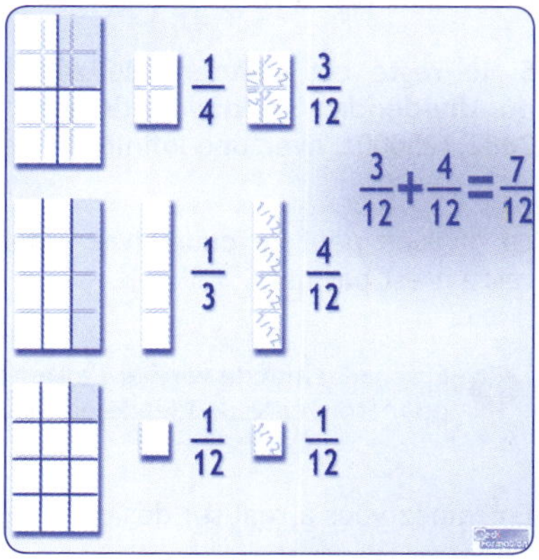

Parts de comprimé

> Si on divise maintenant les morceaux de comprimés détachés on constate que :
> - un quart de comprimé, c'est aussi trois fois un douzième de comprimé (3 x 1/12) soit trois douzièmes (3/12) ;
> - un tiers de comprimé, c'est aussi quatre fois un douzième de comprimé (4 x 1/12) soit quatre douzièmes (4/12).

Si j'additionne trois douzièmes (3/12) et quatre douzièmes (4/12), j'obtiens sept douzièmes de comprimé (7/12).

On peut résumer cela en écrivant l'opération mathématique ci-contre.

$$\frac{1}{4}+\frac{1}{3}=\frac{1\times 3}{4\times 3}+\frac{1\times 4}{3\times 4}=\frac{3}{12}+\frac{4}{12}=\frac{7}{12}$$

$$\frac{a}{d}+\frac{b}{d}=\frac{a+b}{d} \qquad \frac{a}{d}-\frac{b}{d}=\frac{a-b}{d}$$

Addition et soustraction de fractions

> Pour additionner ou soustraire deux fractions, il est impératif que le dénominateur des deux fractions soit identique (ici « d »).
> On additionne ou on soustrait, les numérateurs (« a » et « b »), et on garde le dénominateur commun (« d »).

Si le dénominateur n'est pas identique (ici « d » et « e »), on cherche le dénominateur commun.
Le plus facile est de multiplier les dénominateurs entre eux pour obtenir un dénominateur commun (« d » que multiplie « e » soit « de »).
On multiplie obligatoirement numérateur et dénominateur par le même nombre, pour garder des fractions égales. On additionne ou soustrait ensuite les numérateurs.

Il est possible de simplifier une fraction, en divisant numérateur et dénominateur avec le même cœfficient (« d » dans l'exemple).

$$\frac{a}{d}+\frac{b}{e}=\frac{axe}{dxe}+\frac{bxd}{exd}=\frac{ae+bd}{de}$$

$$\frac{a}{d}-\frac{b}{e}=\frac{axe}{dxe}-\frac{bxd}{exd}=\frac{ae-bd}{de}$$

Rappels : si a = d x e et b = d x f

$$\frac{a}{b}=\frac{d\times e}{d\times f}=\frac{\not{d}\times e}{\not{d}\times f}=\frac{e}{f}$$

Dénominateurs différents

Exercices d'entraînements avec les fractions

Exercice n°1

Question :
Trouver le résultat (sous forme de nombre ou de fraction irréductible) : 1/7 + 2/5 = ?

Votre réponse :

Réponse : 19/35
1/7 + 2/5
= (1 x 5)/(7 x 5) + (2 x 7)/(7 x 5)
= 5/35 + 14/35
= 19/35

Exercice n°2

Question :
Trouver le résultat (sous forme de nombre ou de fraction irréductible) : 1/5 + 1/3 = ?

Votre réponse :

Réponse : 8/15
1/5 + 1/3
= (1 x 3)/(3 x 5) + (1 x 5)/(3 x 5)
= 3/15 + 5/15
= 8/15

Exercice n°3

Question :
Le panier comprend 100 légumes. Et 1/4 sont des tomates, 1/2 sont des salades, 1/20 sont des carottes et le reste, d'autres légumes.

Combien y a-t-il de légumes de chaque type ?

Votre réponse :

Réponse : 25 tomates, 50 salades, 5 carottes et 20 autres légumes.
Tomates : 100 x 1/4 = 25 tomates ; Salades : 100 x 1/2 = 50 salades ; Carottes : 100 x 1/20 = 5 carottes.
Autres légumes : total des légumes moins les tomates, salades et carottes :
soit 100 - 25 - 50 - 5 = 20 autres légumes.

Exercice n°4

Question :
Le panier comprend 30 légumes. Et 1/2 sont des tomates, 1/3 sont des salades, 1/10 sont des carottes et le reste, d'autres légumes.

Combien y a-t-il de légumes de chaque type ?

Votre réponse :

Réponse : 15 tomates, 10 salades, 3 carottes et 2 autres légumes.
Tomates : 30 x 1/2 = 15 tomates ; Salades : 30 x 1/3 = 10 salades ; Carottes : 30 x 1/10 = 3 carottes.
Autres légumes : total des légumes moins les tomates, salades et carottes :
soit 30 - 15 - 10 - 3 = 2 autres légumes.

7. Produit en croix

Le produit en croix permet de déterminer, à partir de 3 données connues, proportionnelles, une quatrième donnée, respectant les proportions.

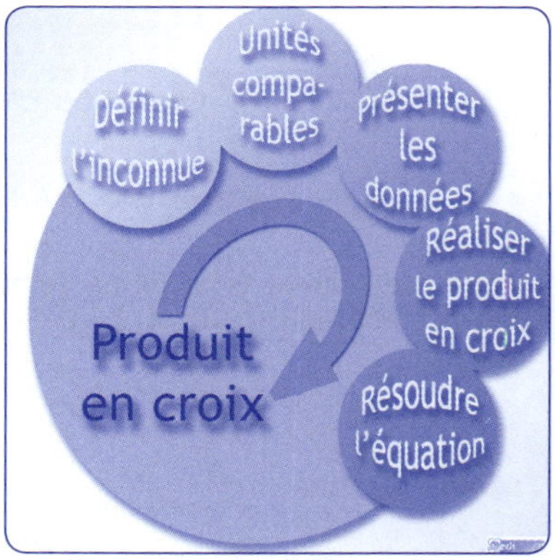

Le produit en croix, raisonnement

En pratique on doit suivre le raisonnement suivant :
- définir et nommer le chiffre recherché ;
- n'utiliser que des unités comparables ;
- présenter les données alignées dans un simple tableau ;
- procéder au produit en croix ;
- résoudre l'équation.

Prenons l'exemple suivant.

On me donne une ampoule de solution de 10 mL de volume qui contient 5 mg de produit actif.

On me demande d'isoler 2 mL de cette solution.
Combien de mg de produit actif vais-je trouver dans ces 2 mL ?

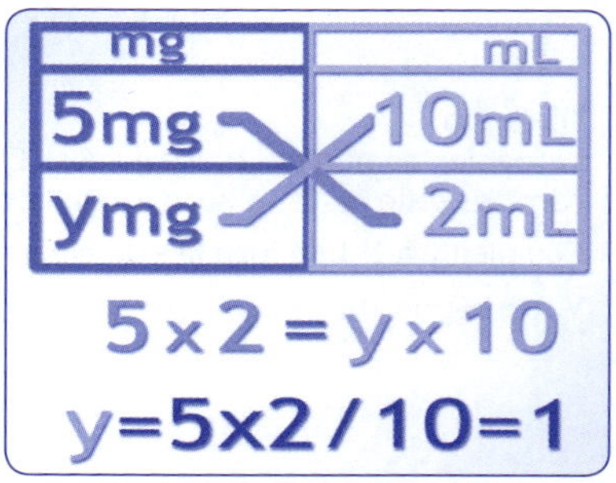

Le produit en croix, démonstration

Je définis « y » comme étant le nombre inconnu de mg.

Je m'assure que toutes les unités sont comparables. J'ai bien « y » et 5 exprimés en mg et les volumes de 10 et 2 exprimés en mL.

Je présente les données dans un tableau et je les aligne.

Je réalise le produit en croix : 5 x 2 = y x 10.

Je résous cette équation : 5 x 2 = y x 10 ou 10 = 10y ou y = 10/10 = 1 mg.

Je vais disposer d'1 mg de produit actif en isolant 2 mL de cette solution.

Exercices d'entraînement sur la proportionnalité

Exercice n°1

Question :
Résoudre le problème suivant : le prix d'un lot de 10 articles vaut : 5 €. Combien coûtent 3 articles ?

Votre réponse :

Réponse : 10 articles valent 5 Euros donc un article vaut 5/10 et 3 articles valent 5/10 x 3 = 15/10 = 1,5 €.

On peut aussi résoudre le produit en croix suivant :

- 5 € pour 10 articles ;
- X € pour 3 articles.

Soit le produit en croix suivant 5 x 3 = X x 10 soit X = 5 x 3 : 10 = 15/10 = 1,5 €.

Exercice n°2

Question :
Résoudre le problème suivant : le prix d'un lot de 5 articles vaut : 2 €. Combien coûtent 2 articles ?

Votre réponse :

Réponse : 5 articles valent 2 Euros donc un article vaut 2/5 et 2 articles valent 2/5 x 2 = 4/5 = 0,8 €.

On peut aussi résoudre le produit en croix suivant :

- 2 € pour 5 articles ;
- X € pour 2 articles.

Soit le produit en croix suivant 2 x 2 = X x 5 soit X = 2 x 2 : 5 = 4/5 = 0,8 €.

Exercice n°3

Question :
Dans 3 litres de solution A, on a 1 litre de solution B. Cette usine consomme chaque jour 300 litres de solution A. Combien consomme t-elle de litres de solution B chaque jour ?

Votre réponse :

Réponse : On pose le produit en croix suivant :

- 1 L de B dans 3 L de A ;
- X L de B dans 300 L de A.

Soit le produit en croix 1 x 300 = X x 3 soit X = 1 x 300 : 3 = 300 : 3 = 100 L de B dans 300 L de A

100 litres de solution B sont consommés chaque jour.

Exercice n°4

Question :
Vous souhaitez acheter la boisson Z. Dans le magasin, la boisson Z est proposée par deux marques différentes. La marque A propose : 10 euros les 50 millilitres et la marque B : 125 euros les 500 millilitres. Calculer les prix des marques A et B pour 250 millilitres de boisson Z.

Votre réponse :

Réponse :

Pour la marque A, Xa = 10 / 50 x 250 = 50 euros pour 250 millilitres de marque A.

Pour la marque B, Xb = 125 / 500 x 250 = 62,5 euros les 250 millilitres de marque B.

Pour 250 millilitres : marque A 50 € et pour la marque B 62,5 €.

8. Pourcentage

Il est souvent plus facile, de comprendre les pourcentages lors des périodes de soldes, que lors des calculs mathématiques !

On définit « t » comme étant le taux de pourcentage.

Le pourcentage est un quotient de dénominateur 100. On écrit « t% » ou « t/100 » (on prononce « t pour 100 »).

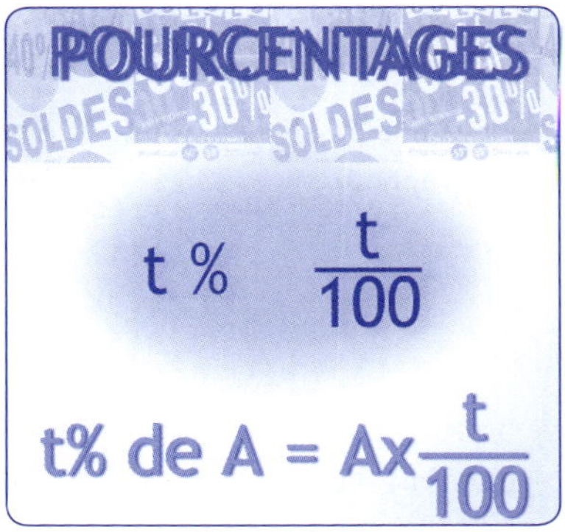

Pourcentage

> Pour définir le pourcentage d'un nombre A, on multiplie ce nombre par le quotient t/100 où t est le taux de pourcentage.

- Si le nombre A augmente ou diminue de t%, on écrit l'augmentation « a » ou la diminution « b » ainsi :
  - a = A x t/100 ou b = A x t/100
- La valeur de A après augmentation de t% est de :
  - A + a = A + A x t/100 = A x ((100+t)/100)
- La valeur de A après diminution de t% est de :
  - A - b = A - A x t/100 = A x ((100-t)/100)

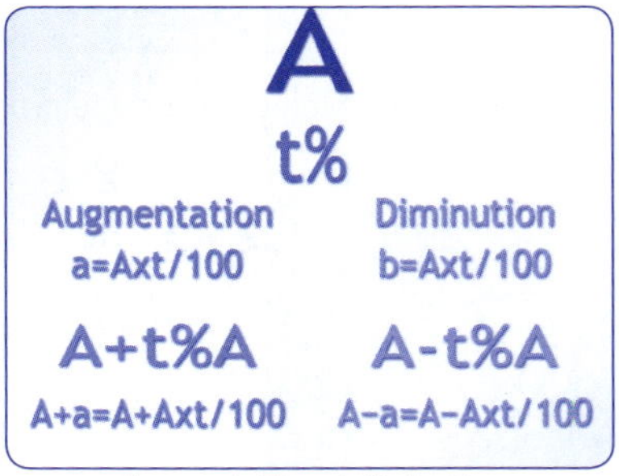

Augmentation et diminution

Exercices d'entraînements sur les pourcentages

Exercice n°1

Question :
Quel est le nouveau prix d'un objet de 18 € après augmentation de 30% ?

Votre réponse :

Réponse : L'augmentation de 30% correspond à :
30 / 100 x 18 = 5,4 €
que l'on ajoute au prix initial :

Exercice n°2

Question :
Quel est le nouveau prix d'un objet de 18 € après réduction de 10% ?

Votre réponse :

Réponse : La réduction de 10% correspond à :
10 / 100 x 18 = 1,8 €
que l'on retranche au prix initial :
18 - 1,8 = 16,2, nouveau prix de l'objet.

Exercice n°3

Question :
40% des patients du service nécessitent ce matin une réfection de pansement. Il y a 20 patients dans le service. Combien de patients vont-ils bénéficier d'une réfection de pansement ?

Votre réponse :

Réponse : Nb pansements = 20 x 40 / 100 = 8 patients.

Exercice n°4

Question :
Le stock de compresses comprend normalement 1500 sachets de 10 compresses. Le stock a diminué de 30%, combien reste-t-il de compresses dans le stock ?

Votre réponse :

Réponse : 30% du stock correspondent à : 30 / 100 x 1500 = 450 compresses que l'on retire du stock initial : 1500 - 450 = 1050 compresses restantes.

Exercice n°5

Question :
Un paquet de compresses vaut 10€. Son prix diminue de 45%. Combien coûte un paquet de compresses après réduction ?

Votre réponse :

Réponse : On calcule la valeur de la réduction « a » : a = 10 x 45 / 100 = 4,5 €. Soit un nouveau prix après réduction de A - a = 10-4,5 = 5,5 €. On peut directement appliquer la formule : A x ((100 - 45) / 100) = 10 x 55 / 100 = 5,5 €.

Exercice n°6

Question :
Vous travaillez dans un service de 25 lits d'hospitalisation. Ce jour, 15 lits sont inoccupés. Quel est le taux d'occupation de ce jour dans ce service ?

Votre réponse :

Réponse : Le taux d'occupation correspond au pourcentage de lits occupés, soit 25 - 15 = 10 lits occupés. Le taux«t» recherché est tel que 10 / 25 = t / 100 soit t = 10 x 100 / 25 = 40 , soit un taux d'occupation de 40%.

9. Unités de mesure : généralités

Les unités de base du système international sont :
- le mètre, unité de longueur ;
- le kilogramme, unité de masse ;
- la seconde, unité de temps ;
- l'ampère, unité d'intensité ;
- le degré Kelvin, unité de température ;
- la candela, unité d'intensité lumineuse.

Seule la division décimale est admise (sauf exception : unités de temps). Les multiples et sous-multiples sont définis par décret.

Retenir les préfixes utilisés avec chaque unité de mesure. Les plus utilisés sont :
- le kilo : facteur x10^3, c'est à dire x 1000 ;
- l'hecto : facteur x10^2, c'est à dire x 100 ;
- le déca : facteur x10^1, c'est à dire x 10 ;
- l'unité ;
- le déci : facteur x10^{-1}, c'est à dire x 0,1 ;
- le centi : facteur x10^{-2}, c'est à dire x 0,01 ;
- le milli : facteur x10^{-3}, c'est à dire x 0,001 ;
- le micro : facteur x10^{-6}, c'est à dire x 0,000001.

À partir des unités de base, on définit d'autres unités de mesure : les unités dérivées.

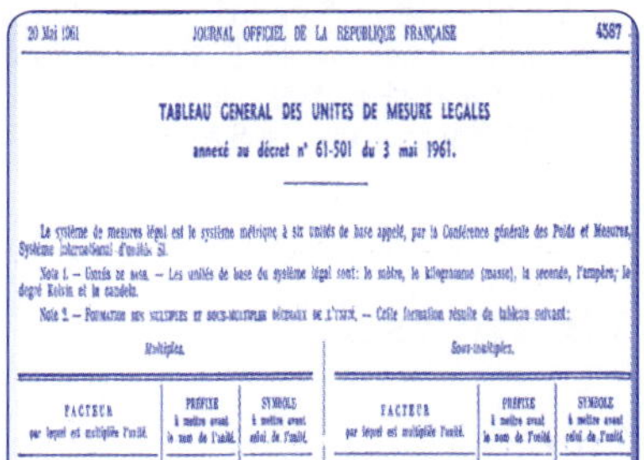
20 Mai 1961 JOURNAL OFFICIEL DE LA REPUBLIQUE FRANÇAISE 4587

TABLEAU GENERAL DES UNITES DE MESURE LEGALES
annexé au décret n° 61-501 du 3 mai 1961.

Décret du 3 mai 1961

	x10^1	déca	x10^{-12}	pico	p
	x10^2	hecto	x10^{-9}	nano	n
k	x10^3	kilo	x10^{-6}	micro	µ
M	x10^6	méga	x10^{-3}	milli	m
G	x10^9	giga	x10^{-2}	centi	
T	x10^{12}	téra	x10^{-1}	déci	

Cœfficients des unités de mesure

On utilise :
- la superficie, « A », en mètre carré, m^2 (mesure d'une surface de brûlure) ;
- le volume, « V », en mètre cube, m^3 (mesure du volume de soluté à perfuser) ;
- la vitesse, « V », en mètre par seconde, m/s (on adaptera la vitesse avec les unités dérivées utilisées : gouttes par minute par exemple) ;
- ...

Nom	Symbole	Nom	Symbole
superficie	A	mètre carré	m^2
volume	V	mètre cube	m^3
vitesse	*V*	mètre par seconde	m/s
volume massique	v	mètre cube par kilogramme	m^3/kg
...			

Principales unités dérivées

Le tableau de conversion permet de convertir une unité en multiples et sous-multiples de cette unité.

C'est une opération essentielle à maîtriser et à réaliser avant tout calcul mathématique : on ne peut calculer qu'avec des unités identiques.

Il faut savoir adapter le tableau ci-contre, aux différentes unités, pour faciliter les conversions ultérieures.

En plaçant un nombre dans ce tableau (un chiffre par colonne), on obtient sa valeur en multiple ou sous-multiple.

MULTIPLES				UNITES	SOUS-MULTIPLES						
	Mille	*Centaines*	*Dizaines*	*Unités*	*Dixièmes*	*Centièmes*	*Millièmes*	...	...	*Micro*	
	$x10^3$ x1000	$x10^2$ x100	$x10^1$ x10	x1 x1	$x10^{-1}$ x0,1	$x10^{-2}$ x0,01	$x10^{-3}$ x0,001	...	...	$x10^{-6}$ x0,000001	
	kilo	hecto	déca	unité	déci	centi	milli	...	...	micro	
								...	...		

Tableau de conversion

Exemple

Le nombre « 15 hecto ».
On place les chiffres « 1 » et « 5 » de manière à ce que le « 5 » soit positionné dans la colonne « hecto ».
On ajoute des zéros (en bleu) pour aller jusqu'à la colonne « unité », on lit alors le nombre « 1500 » correspondant à la conversion de « 15 hecto » en « 1500 unités ».
On ajoute une virgule (en rouge) dans la colonne « kilo », on lit alors le nombre « 1,5 » correspondant à la conversion de « 15 hecto » en « 1,5 kilo ».

MULTIPLES				UNITES	SOUS-MULTIPLES						
	Mille	*Centaines*	*Dizaines*	*Unités*	*Dixièmes*	*Centièmes*	*Millièmes*	...	...	*Micro*	
	$x10^3$ x1000	$x10^2$ x100	$x10^1$ x10	x1 x1	$x10^{-1}$ x0,1	$x10^{-2}$ x0,01	$x10^{-3}$ x0,001	...	...	$x10^{-6}$ x0,000001	
	kilo	hecto	déca	unité	déci	centi	milli	...	...	micro	
	1,	5	0	0				...	...		

Mode d'emploi

10. Masse

Conversions

Le kilogramme (kg) se décline en : hg, hectogramme ; dag, décagramme ; g, gramme ; dg, décigramme ; cg, centigramme ; mg, milligramme ; µg, microgramme.

On utilise le tableau de conversion ci-contre.

Exemple

Placez les chiffres de votre nombre dans la grille de conversion et placez la virgule selon l'unité choisie :
- 7,836827245 kg ;
- 7836,827245 g ;
- 7836827245 µg.

MULTIPLES				UNITES	SOUS-MULTIPLES						
	Mille	*Centaines*	*Dizaines*	*Unités*	*Dixièmes*	*Centièmes*	*Millièmes*	...	...	*Micro*	
	$x10^3$ x1000	$x10^2$ x100	$x10^1$ x10	x1 x1	$x10^{-1}$ x0,1	$x10^{-2}$ x0,01	$x10^{-3}$ x0,001	...	...	$x10^{-6}$ x0,000001	
	kilo	hecto	déca	unité	déci	centi	milli	...	...	micro	
	kilogramme	*hectogramme*	*décagramme*	*gramme*	*décigramme*	*centigramme*	*milligramme*	...	...	*microgramme*	
	kg	hg	dag	g	dg	cg	mg			µg	
	7	8	3	6	8	2	7	2	4	5	

Conversions de masses

Tableau de conversion des masses

Dans votre pratique professionnelle, on retrouve essentiellement des mesures en kilogrammes, en grammes, en milligrammes et en microgrammes.

	kilogramme	hectogramme	décagramme	gramme	décigramme	centigramme	milligramme	...	...	microgramme	
	kg	hg	dag	g	dg	cg	mg			µg	

Tableau de conversion des masses

Exercices d'entraînements des masses

Exercice n°1

Question :
Calculer la somme suivante exprimée en grammes 3 kg + 1254 dg + 12 hg + 12521 cg + 142 dag.

Votre réponse :

Réponse : On utilise le tableau de conversion (à refaire au brouillon) 3 kg ou 3 x 1000 = 3000 g, 1254 dg ou 1254 x 0,1 = 125,4 g, 12 hg ou 12 x 100 = 1200 g, 12521 cg ou 12521 x 0,01 = 125,21 g, 142 dag ou 142 x 10 = 1420 g, 1254 mg ou 1254 x 0,001 = 1,254 g.
Soit au total 3000 + 125,4 + 1200 + 125,21 + 1420= 5870,61 g.
Total : 5870,61 g.

Exercice n°2

Question :
Calculer la somme suivante exprimée en grammes 1 kg + 120 dg + 23 hg + 212,02 cg + 1542 dag.

Votre réponse :

Réponse : On utilise le tableau de conversion (à refaire au brouillon) 1 kg ou 1 x 1000 = 1000 g, 120 dg ou 120 x 0,1 = 12 g, 23 hg ou 23 x 100 = 2300 g, 212,02 cg ou 212,02 x 0,01 = 2,1202 g, 1542 dag ou 1542 x 10 = 15420 g, 1254 mg ou 1254 x 0,001 = 1,254 g.
Soit au total 1000 + 12 + 2300 + 2,1202 + 15420= 18734,1202 g.
Total : 18734,1202 g.

Exercice n°3

Question :
Calculer la somme suivante exprimée en grammes 2 kg + 235 dg + 0,325 hg + 21245 cg + 1452 dag.

Votre réponse :

Réponse : On utilise le tableau de conversion (à refaire au brouillon) 2 kg ou 2 x 1000 = 2000 g, 235 dg ou 235 x 0,1 = 23,5 g, 0,325 hg ou 0,325 x 100 = 32,5 g, 21245 cg ou 21245 x 0,01 = 212,45 g, 1452 dag ou 1452 x 10 = 14520 g.
Soit au total 2000 + 23,5 + 32,5 + 212,45 + 14520= 16788,45 g.
Total : 16788,45 g.

11. Volume et capacité

Pour mesurer le volume d'un contenant, on utilise le mètre cube.

Le mètre cube est l'unité de base : symbole « m³ », soit un cube d'un mètre de côté.

Pour mesurer une capacité, on utilise le litre.

Le litre est l'unité de base : symbole « L ».

Pour les volumes exprimés en mètre cube, on utilise le tableau de conversion ci-contre.

m³		dm³			cm³			mm³			
	7	8	3	6	8	2	7	2	4	5	

Conversions de volumes

> **Attention** : on utilise parfois l'abréviation « cc » pour centimètre cube. Préférez l'usage de l'abréviation « cm³ ».
> Retenir que : 1cc = 1cm³.

Exemple

Placer les chiffres de votre nombre dans la grille de conversion et placez la virgule selon l'unité choisie :

- 7,836827245 m³ ;
- 7836,827245 dm³ ;
- 7836827245 mm³.

Pour les capacités exprimées en litre, on utilise le tableau de conversion ci-contre.

Le litre (L) se décline en : kL, kilolitre ; hL, hectolitre ; daL, décalitre ; dL, décilitre ; cL, centilitre ; mL, millilitre ; µL, microlitre.

On utilise le tableau de conversion ci-contre.

	MULTIPLES			UNITES	SOUS-MULTIPLES						
	Mille	Centaines	Dizaines	Unités	Dixièmes	Centièmes	Millièmes	...	...	Micro	
	$x10^3$ x1000	$x10^2$ x100	$x10^1$ x10	x1 x1	$x10^{-1}$ x0,1	$x10^{-2}$ x0,01	$x10^{-3}$ x0,001	...	...	$x10^{-6}$ x0,000001	
	kilo	hecto	déca	unité	déci	centi	milli	...	...	micro	
	kilolitre	hectolitre	décalitre	litre	décilitre	centilitre	millilitre	...	...	microlitre	
	kL	hL	daL	L	dL	cL	mL			µL	
	7	8	3	6	8	2	7	2	4	5	

Conversions des capacités

Exemple

Placer les chiffres de votre nombre dans la grille de conversion et placez la virgule selon l'unité choisie :

- 7,836827245 kL ;
- 7836,827245 L ;
- 7836827245 µL.

On utilise le tableau de conversion ci-contre pour passer des capacités aux volumes, des litres aux mètres cube et leurs multiples et sous-multiples.

m³		dm³			cm³			mm³			
	kL	hL	daL	L	dL	cL	mL			µL	
	7	8	3	6	8	2	7	2	4	5	

Capacités en volumes

Exemple

Placer les chiffres de votre nombre dans la grille de conversion et placez la virgule selon l'unité choisie :

- 7,836827245 m³, ou 7,836827245 kL,
- 7836,827245 dm³, ou 7836,827245 L,
- 7836827245 mm³, ou 7836827245 µL.

Exercices d'entraînements sur les volumes et les capacités

Exercice n°1

Question :
Transformer les données suivantes en m^3 : 124,36 dm^3, 1492817,44 mm^3, 1531,628 cm^3.

Votre réponse :

Réponse : On utilise le tableau de conversion des volumes (tableau à refaire au brouillon). 124,36 dm^3 ou 124,36 x 0,001 = 0,12436 m^3, 1492817,44 mm^3 ou 1492817,44 x 0,000000001 = 0,001492817 m^3, 1531,628 cm^3 ou 1531,628 x 0,000001 = 0,00153163 m^3.

Exercice n°2

Question :
Transformer les données suivantes en L. 11 hL, 12,314 dL, 1595 cL, 14,77 daL, 1105,14 mL.

Votre réponse :

Réponse : On utilise le tableau de conversion des capacités (tableau à refaire au brouillon). Soit 11 hL ou 11 x 100 = 1100 L, 12,314 dL ou 12,314 x 0,1 = 1,2314 L, 1595 cL ou 1595 x 0,01 = 15,95 L, 14,77 daL ou 14,77 x 10 = 147,7 L, 1105,14 mL ou 1105,14 x 0,001 = 1,10514 L.

Exercice n°3

Question :
Transformer les données suivantes en Litres : 1002 cm^3, 1130 mm^3, 7,5 dm^3.

Votre réponse :

Réponse : On utilise le tableau de conversion (tableau à refaire sur le brouillon) soit 1002 cm^3 ou 1002 x 0,001 = 1,002 L, 1130 mm^3 ou 1130 x 0,000001 = 0,00113 L, 7,5 dm^3 ou 7,5 x 1 = 7,5 L.

Exercice n°4

Question :
Transformer les données suivantes en dm^3 : 125 cL, 12750 mL, 68,3 dL.

Votre réponse :

Réponse : On utilise le tableau de conversion (tableau à refaire sur le brouillon) soit 125cL ou 125 x 0,01 = 1,25 dm^3, 12750 mL ou 12750 x 0,001 = 12,75 dm^3, 68,3 dL ou 68,3 x 0,1 = 6,83 dm^3.

Partie 4

Entraînement : épreuve de sélection

Chapitre 8
Analyse et synthèse de situation : sujets

L'épreuve comporte 3 analyses de situations professionnelles. Vous trouverez, ci-après, des analyses isolées de types différents. Ce sont des sujets qui vous permettront de vous entraîner et de renouer avec l'exercice écrit (rédaction, réflexion).

Sujet n°1

Correction sujet n°1 : page 120

Aide-soignant(e) au sein d'un SSIAD (Service de Soins Infirmiers A Domicile), vous prenez en charge Madame R. 70 ans. Mariée, son époux, 80 ans est encore autonome au quotidien. Vous accomplissez les soins de base et relationnels afin de l'aider dans les actes essentiels de la vie. Elle présente des troubles de la marche d'apparition progressive depuis quelques années. Sa marche est ralentie, elle fait des petits pas et a tendance à traîner les pieds. Elle a déjà fait plusieurs chutes au domicile et à l'extérieur, c'est pourquoi elle ne souhaite plus sortir toute seule. Après sa dernière chute, elle est restée 1 heure au sol avant que quelqu'un puisse lui venir en aide.

Depuis peu, elle est suivie par un médecin neurologue qui a demandé une batterie d'examens afin de poser un diagnostic précis.

Sous la responsabilité de l'infirmier coordonnateur et des infirmiers du SSIAD, vous décidez de mettre en place un plan d'actions afin de maintenir Madame R. à son domicile en travaillant sur le risque de chute, point de départ de la dépendance.

Question 1 : Ayant vécu des chutes à répétition et une expérience douloureuse lors de cette chute où elle est restée 1 heure au sol, Madame R. n'a plus confiance en elle. Que proposez-vous pour la remettre en confiance ? Expliquez.

Question 2 : Au niveau préventif, il est possible d'agir sur les facteurs de risque de chute. Expliquez les conseils à mettre en place pour sécuriser le logement et la patiente.

Conseils méthodologiques

Un cas qui ne doit pas mettre en difficulté les AS/AP n'ayant jamais travaillé à domicile. Un sujet où on cherche à évaluer vos capacités à établir une relation de confiance et apporter des conseils adaptés à une situation donnée.

Sujet n°2

Correction sujet n°2 : page 120

Vous travaillez en service de cardiologie en tant qu'aide-soignant(e) et vous accueillez Monsieur G. 67 ans. Il est adressé par les urgences pour décompensation d'insuffisance cardiaque. Lors de l'installation dans son lit, vous constatez qu'il a d'importants œdèmes au niveau des membres inférieurs. Il est très fatigué et ne peut pas être pesé de suite. Il vous dit qu'il l'a été hier lors de sa visite auprès du médecin traitant et que son poids était de 70 kg. Il ne pèse généralement que 65 kg. En ce moment en plus, il précise qu'il a peu d'appétit.

Le médecin prescrit :

- des diurétiques en intraveineux ;
- une restriction hydrique à 1 litre par 24 heures ;
- oxygénothérapie aux lunettes.

Vous réalisez ce matin la toilette de ce patient et constatez qu'il est moins essoufflé que la veille lors de son arrivée. Les œdèmes sont moins volumineux. La diurèse est de 3 litres depuis son arrivée.

Vous vous apprêtez à le peser.

Question 1 : Quel va être selon vous le poids du patient ? (ce n'est pas une donnée chiffrée précise qui est attendue mais un ordre de grandeur)

Question 2 : Expliquer à quoi correspond cette variation de poids ?

Question 3 : Citer un autre signe lié à la perte de poids qui témoigne de l'amélioration de l'état du patient ?

Question 4 : L'oxygénothérapie peut-elle être mise en place à l'initiative de l'aide-soignant(e) ? Justifier votre réponse.

Question 5 : Expliquer les différentes surveillances à mettre en place chez ce patient et les actions qui en découlent relevant de votre compétence.

Question 6 : En tant qu'aide-soignant(e), vous devez connaître les consignes et précautions à prendre au regard de la dispensation d'oxygène notamment lors de l'utilisation d'obus d'oxygène. Quelles sont-elles ?

Conseils méthodologiques

Prendre le temps de bien lire l'énoncé et les questions posées. Répondre précisément à chaque question : donner l'ordre de grandeur demandé à la première question, expliquer la correspondance de cet ordre de grandeur à la deuxième question. Dans les surveillances demandées, penser à regrouper les surveillances par thème ou de façon logique pour éviter les redondances.

Sujet n°3

Correction sujet n°3 : page 122

Sophie est une jeune fille de 18 ans qui est actuellement en terminale scientifique. Elle est demi-pensionnaire dans un lycée de la région parisienne. Elle est très active et impliquée dans la vie associative de son lycée. Son entourage la décrit comme « un tourbillon ». Elle est une élève brillante. Cependant, ses amis s'inquiètent depuis quelques temps, car elle mange peu aux repas. Elle trouve de plus en souvent des excuses pour ne pas s'y rendre, prétextant un travail de dernière minute à terminer. Elle ne prend rien en dehors des repas, si ce n'est de temps en temps un fruit qu'une de ses amies lui ramène de la cantine. Elle avoue parfois avoir faim, mais se refuse à grignoter quelque chose.

Lors de la dernière visite médicale, Sophie pesait 40 kg pour 1 m 65. Le médecin scolaire avait déjà essayé de lui faire comprendre qu'elle avait besoin d'être aidée, elle avait refusé.
Ce jour, devant l'aggravation de la perte de poids et l'apparition d'autres signes comme l'anémie et des règles douloureuses et très irrégulières, le médecin décide de l'hospitaliser. Sophie accepte difficilement. Elle ne comprend pas ce qu'elle appelle de l'acharnement de la part de ce médecin.

Vous exercez comme aide-soignant(e) dans le service accueillant ce jour Sophie.
Vous êtes interpellé(e) par son apparence physique et sa tenue vestimentaire très ajustée accentuant sa maigreur.

Elle admet qu'elle est mince, mais qu'elle n'a pas beaucoup d'appétit. Elle pratique énormément de sports et travaille très dur pour décrocher son baccalauréat à la fin de l'année. Elle souhaite rentrer en médecine.

Elle a beaucoup d'amis mais pas de relation sérieuse. De toute façon, dit-elle « je n'ai pas le temps pour ça et cela ne m'intéresse pas ».

Elle décrit une situation familiale difficile avec un père absent du fait de son travail sur des plate-forme à l'étranger et une mère distante. Elle décrit sa mère comme quelqu'un de futile, plus intéressée par sa personne et son image sociale que par sa fille.

Question : Après avoir analysé les données du texte, dégagez 3 principaux problèmes de santé en les priorisant.

Conseils méthodologiques

L'analyse de l'énoncé doit être minutieuse. Les observations doivent être complétées par vos connaissances professionnelles afin de cibler les priorités.
Remarque : ne posez pas de diagnostic médical.

Sujet n°4

Correction sujet n°4 : page 122

Vous êtes aide-soignant(e) en service de neurologie et accueillez ce matin Mme J., 80 ans pour accident vasculaire cérébral survenu cette nuit à son domicile. Elle vit seule dans un appartement au 3e étage et gère seule son quotidien. Elle a un bon voisinage qui veille sur elle.
À son entrée, elle présente une baisse de la vigilance et une aphasie ainsi qu'une hémiplégie droite.

Le médecin a prescrit :

- un traitement par anticoagulant ;
- une hydratation par perfusion intraveineuse ;
- la pose d'une sonde à demeure ;
- la surveillance de la tension artérielle, pouls et température : 3 fois par jour ;
- mise au fauteuil progressive.

Le lendemain de son arrivée dans le service, vous êtes en charge des soins d'hygiène et de bien être de Mme J.

Vous devez assurer la toilette génitale chez Mme J. porteuse d'une sonde à demeure avec une étudiante aide-soignante qui vient d'étudier la prévention des infections nosocomiales et la technique de la toilette génitale.

Question 1 : Exposez votre démarche auprès de cette étudiante dans le but de prévenir une infection urinaire chez Mme J.

Conseils méthodologiques

Attention, on vous demande ici une démarche d'encadrement auprès d'une stagiaire AS.
Rien ne vous interdit de prendre le cas clinique de Mme J pour illustrer votre démarche.
Les connaissances en hygiène, théoriques et pratiques, sont indispensables. Ce sont des questions plus que fréquentes.

Sujet n°5

Correction sujet n°5 : page 123

Vous travaillez en collaboration avec une infirmière dans une Unité de Soins Longue Durée de 7 h à 19 h. Madame S., âgé de 80 ans, est entrée ce jour pour perte d'autonomie après fracture consolidée du fémur gauche. Elle arrive d'un service de Soins de Suite et Réadaptation (SSR).
Dans ses antécédents médicaux, on retrouve :

- une ostéoporose et des douleurs diffuses traitées par antalgique de pallier 1 ;
- un syndrome parkinsonien traité par Modopar®.

Sur la fiche de liaison, les éléments suivants vous sont transmis :

- difficultés à se déplacer malgré l'aide d'un déambulateur ;
- semble présenter des signes de désorientation : se perd dans les couloirs, dit ne pas savoir où elle est et confond les jours ;
- présente des fuites urinaires car elle n'a pas le temps d'aller aux toilettes ;
- n'a pas été à la selle depuis 2 jours ;
- présente des signes de déshydratation et des rougeurs fessières avec désépidermisation sacrée superficielle ;
- mauvais état veineux des membres inférieurs et port de bas de contention ;
- perte de poids depuis son hospitalisation, mange peu, elle a maigri de 3 kg et ne pèse plus actuellement que 55 kg pour 1,65 m.

Avant son hospitalisation, Madame S. avait fait de nombreuses chutes suite à des malaises ou pertes d'équilibre.

Le gériatre, après examen clinique, vous dit que Madame S. a une anémie bien supportée à contrôler par une NFS (numération formule sanguine) demain matin. Au vue des résultats du MMS (Mini Mental State Examination) qui est de 21/30, il s'oriente vers un début de maladie d'Alzheimer et prescrit :

- Aricept® 5 mg en 1 prise orale le soir avant le coucher ;
- pose d'une perfusion intraveineuse de 1,5 litre de G5% par 24h avec 3 gr/litre de NaCl à commencer en début d'après-midi.

Dans l'après-midi, vous vous entretenez avec Madame S. et vous constatez qu'elle ne sait pas quel jour nous sommes et qu'elle a oublié l'heure à laquelle elle est arrivée : elle voudrait rentrer chez elle.

Pendant l'entretien, vous relevez les données suivantes : Madame S. est d'origine italienne, elle parle l'italien et le français avec un léger accent. Elle est veuve depuis 31 ans et vit avec son fils qui ne peut plus s'occuper d'elle, celui-ci ayant un léger handicap. Elle habite un pavillon à un étage, en banlieue parisienne. Depuis le début de l'hospitalisation, son fils ne vient pas la voir régulièrement. Elle s'inquiète pour lui et vous dit : « J'ai peur qu'il n'arrive pas à se débrouiller tout seul ». Elle ajoute ensuite : « je n'ai pas l'habitude de manger de la nourriture en barquette plastique et malgré les remèdes, j'ai toujours mal partout, surtout aux talons et à la jambe droite ». Elle vous demande : « ce soir il faudra me donner un somnifère, dites-le à l'infirmière ».

Le retour à domicile n'est pas envisagé. Son fils doit prendre rendez-vous avec l'assistante sociale afin de finir les démarches entreprises pour la prise en charge administrative.

Question 1 : Définisser la maladie d'Alzheimer

Question 2 : Vous avez accueilli Madame S. pour son entrée en institution. Énoncer les actions que vous avez mises en œuvre pour réaliser son accueil.
Citer les 2 objectifs que vous souhaitez atteindre par la mise en œuvre de ces actions.

Question 3 : Madame S. présente des signes de déshydratation. Citer 5 signes cliniques d'une déshydratation chez le sujet âgé.

Question 4 : À partir des données de la situation de Madame S. et de vos connaissances, analyser la situation et identifier et argumenter les problèmes et les risques pour Mme S.
Au regard de chaque problème énoncé, dégager les actions à mettre en œuvre.

Conseils méthodologiques

Pathologie prise en charge dans tous le services. La question 2 doit faire preuve de bon sens afin de mettre en place un accueil de qualité. Restez simple dans vos réponses. Les questions 3 et 4 doivent faire appel à vos connaissances et vous devez les mobiliser afin d'en faire une analyse au regard de la situation donnée.

Sujet n°6

Correction sujet n°6 : page 125

Vous êtes aide-soignant(e) dans un service d'onco-hématologie. Ce service dispose d'un secteur conventionnel et d'un secteur stérile.

Madame O., 45 ans, est hospitalisée pour une leucémie aiguë myéloblastique. Mariée et mère de deux enfants en bas âge, elle est fonctionnaire dans une mairie.
Chaque jour, elle reçoit la visite de son époux et espère pouvoir voir ses enfants rapidement.
Il y a une semaine Madame O. a consulté son médecin traitant pour un syndrome grippal. Un traitement a été mis en place mais son état de santé ne s'améliorant pas (fatigue importante et douleurs osseuses à type de courbatures, hyperthermie), elle a été hospitalisée dans le service d'Onco-Hématologie.

A son admission, différents examens dont un myélogramme par ponction sternale a permis de diagnostiquer une leucémie aiguë myéloblastique. Cette prise en charge a nécessité la pose d'un cathéter tunnélisé et un traitement par antimitotiques a été débuté.
Ce jour J 11, Madame O. présente une hyperthermie à 39,8°C avec frissons et sueurs importantes.
Le médecin prescrit une Numération Formule Sanguine en urgence qui montre une chute importante des plaquettes. Le médecin prescrit alors :

- un isolement protecteur ;
- la mise en place d'un traitement par antibiotique ;
- surveillance des constantes toutes les 4 heures : pulsations, pression artérielle, fréquence respiratoire, température.

Madame O. est très inquiète par rapport à l'évolution de son état de santé ; elle parle de sa mort prochaine, et pleure en vous disant avoir retrouvé une poignée de cheveux sur son oreiller à son réveil. Elle est très fatiguée et ne se sent pas capable de faire sa toilette aujourd'hui. Elle n'a pas la force de se déplacer.

Question 1 : Après avoir fait l'analyse de la situation du jour de Madame O., vous énoncerez deux problèmes de santé au regard de celle-ci.

Question 2 : Expliquez le principe d'un isolement protecteur.

Conseils méthodologiques

Il n'est pas nécessaire d'avoir travaillé en secteur stérile pour répondre aux questions. Vous devez effectuer une lecture attentive du texte afin de relever les éléments nécessaires à votre analyse. N'en n'oubliez pas au risque de passer à côté d'un problème de santé. Profitez de ce cas pour réviser les autres types d'isolements et les précautions à mettre en œuvre.

Sujet n°7

Correction sujet n°7 : page 125

Vous êtes aide-soignant(e) en service de cardiologie et avez en charge Madame C. 75 ans, entrée il y a cinq jours pour un malaise survenu à son domicile. Le bilan réalisé ces derniers jours évoque une insuffisance cardiaque et respiratoire qui se serait aggravée ces derniers jours.

Madame C. vit seule à son domicile après le décès de son mari il y a une dizaine d'années. C'est un petit appartement en centre ville situé au premier étage d'un petit immeuble avec ascenseur. Elle se déplace à l'aide d'une canne, très lentement car elle s'essouffle vite. Trois fois par semaine, une auxiliaire de vie lui rend divers services : ménage, gestion du linge, courrier et actes administratifs.

Elle était coiffeuse. Elle parle beaucoup de ses souvenirs avec le personnel. Elle a un fils unique qu'elle ne voit plus depuis des années. Mais sa petite-fille de 25 ans passe la voir tous les soirs après son travail. Elle est très proche d'elle et ils ont de longues discussions.

Elle mesure 1 m 50 pour 84 kg. Elle est très fatiguée. Elle mange peu, car n'apprécie pas les repas servis dans le service. Elle préfère les repas confectionnés et apportés à son domicile par le centre communal d'action sociale. Elle avoue les agrémenter elle-même avec quelques ajouts personnels.

Un repos strict au lit a été prescrit à son entrée dans le service. Aujourd'hui, le médecin autorise le lever au fauteuil après la mise en place de bas de contention.

Vous devez effectuer sa toilette ce matin.

Question 1 : Au regard des éléments du texte, citez et justifiez les besoins perturbés de Madame C en vous basant sur les éléments de dépendance.

Question 2 : Proposez pour chacun d'eux 5 actions pertinentes à la situation.

Conseils méthodologiques

Ne pas reprendre les 14 besoins fondamentaux sur votre copie, seuls les besoins perturbés sont demandés. Par contre sur votre brouillon vous pouvez vous aider d'un tableau complet pour classer les différents éléments de l'énoncé.
Les actions de soins doivent être pertinentes et doivent respecter la personne prise en charge (âge, origine, compréhension).

Sujet n°8

Correction sujet n°8 : page 127

Vous exercez en service de pédiatrie en tant qu'aide-soignant(e). Vous prenez en charge Rose, âgée d'un an. Elle est hospitalisée depuis 3 jours pour une gastro-entérite aiguë avec déshydratation sévère.

Rose a une sœur de 6 ans.

Rose prend habituellement 4 repas par jour dont un biberon de lait le matin et au goûter. A midi elle mange viande moulinée, légumes et compote. Le soir soupe et compote.

Elle marche depuis quelques semaines.

Les vaccins sont à jour et elle est suivie régulièrement par un pédiatre. Lors de la dernière visite (1 mois), elle pesait 7,800 kg pour 72 centimètres.

À son entrée, elle présentait

- des diarrhées et vomissements depuis 3 jours, environ 8 selles molles par 24 heures ;
- des signes de déshydratation ;
- pulsations à 150 battements par minutes, température à 38,1° C, un poids de 6,800 kg.

Un bilan sanguin a été réalisé confirmant la déshydratation. Le médecin prescrit une diète et une réhydratation parentérale.

Aujourd'hui, J3, l'évolution est favorable. Rose pèse 7,400 kg et est apyrétique. Le médecin prescrit un programme de perfusion sur 24 heures ainsi que la reprise d'une alimentation par voie orale (régime anti-diarrhéique et demi-ration alimentaire).

Question 1 : Citer les signes cliniques de déshydratation aiguë chez un enfant.

Question 2 : Expliquer quel est le signe de gravité de la déshydratation chez Rose.

Question 3 : Citer les principes de la réalimentation chez un enfant après une diète lors d'un épisode de diarrhée et de déshydratation.

Question 4 : La maman de Rose vous appelle ce matin car la grande sœur de 6 ans souhaite apporter cet après-midi un jouet. Elle vous demande conseil. Que lui dites-vous ?

Conseils méthodologiques

Un cas de pédiatrie, pas de panique même si vous n'avez que peu d'expérience. Les questions portent sur des connaissances relevant de vos compétences AS/AP. Faites preuve de bon sens.

Sujet n°9

Correction sujet n°9 : page 128

Présentation de la personne	
Identité	Monsieur G, 79 ans.
État civil	Nationalité française. Parle français. Catholique non pratiquant.
Situation familiale et socio-professionnelle	Marié, il a 4 enfants, 2 fils et 2 filles. Il vit dans une maison individuelle avec son épouse. Retraité, il était décorateur tapissier.
Entourage	Une infirmière vient à domicile 2 x/jour pour les soins, pour le lever et le coucher, pour la distribution des médicaments, pour la toilette complète. Aide à l'habillage et au déshabillage. Une aide-ménagère vient 4 h/semaine pour le couple. Sa femme l'aide pour l'installation au cours de la journée. Elle s'occupe du repas et fait les courses avec un des fils. La fille s'occupe de la gestion financière et administrative.
Couverture sociale	CPAM, n'a pas de mutuelle. Aide Sociale : Depuis peu il perçoit une Allocation Personnalisée d'Autonomie pour le financement de la femme de ménage.
Date et motif d'admission dans la structure	Admis le 1 décembre 2015 pour bilan anémique (myélodysplasie). Transfert d'un autre hôpital pour rapprochement familial.
Aspect physique	Mesure 1 m 62, pèse 55 kg IMC : 20.96. Il porte des lunettes, a les cheveux courts brun foncé, légèrement grisonnant et est dégarni sur le dessus. Il présente des croûtes noirâtres sur le front côté gauche et quelques-unes sur les joues (anomalie dermatologique). Il présente des plaques de psoriasis sur les jambes ainsi qu'au niveau des lombaires et au niveau des coudes. Il a un pansement au pied gauche à cause d'une escarre au talon. Il porte des lunettes à oxygène. Il ne se déplace pas, reste au lit. Il porte un change complet car il est incontinent urinaire et fécal mais pas totalement car il demande parfois le bassin ou l'urinal.
Aspect psychologique	Il est généralement souriant, mais est algique surtout lors de la mobilisation, il a alors le visage crispé. Il est parfois triste sans raison apparente. Il est calme mais lorsqu'il a mal il devient anxieux. Coopérant lors des soins. Il a des troubles de la mémoire, est parfois confus, ne se souvient plus de visites qu'il a eu ou des examens qu'il a passé.
Habitudes de vie antérieures	Dit manger de tout mais sa femme dit qu'il mange très peu de viande. Dit qu'il dort bien. Dit qu'il aimait faire du bricolage - il avait un atelier - mais il n'en fait plus. Sa femme dit qu'il écoute la radio toute la journée, qu'il aime beaucoup la musique et qu'il regarde des shows télévisés musicaux.

Habitudes de vie antérieures	Sa femme dit qu'il a l'habitude de faire des siestes. Il participait encore aux transferts à domicile, il marchait un peu avec un déambulateur, mais les déplacements se faisaient principalement en fauteuil roulant. Elle dit aussi qu'il était levé à la maison et non dans le lit toute la journée. Il dispose à la maison de : lit médicalisé avec matelas à air, un déambulateur, un fauteuil roulant, une chaise percée.
Habitudes de vie actuelles	Visites quotidiennes de sa femme et de son fils. Il nécessite une toilette complète au lit. Il dit bien dormir.

Présentation clinique	
Antécédents médicaux et chirurgicaux en lien avec la situation	Maladie de Waldenström depuis 2009 (maladie de la moelle osseuse, c'est-à-dire le tissu contenu dans les os où sont produites toutes les cellules du sang) se manifestant notamment par asthénie, paralysie des membres inférieurs, baisse de l'acuité visuelle). HTA, Cardiopathie ischémique. Artériopathie oblitérante des membres inférieurs. Neuropathie des membres inférieurs, pontage croisé fémoro-fémoral D-G. Insuffisance rénale chronique. Arthrose diffuse (Sciatalgie G à L4-L5, Tassement D11-D12). Psoriasis. Démence débutante. Escarre talon G.
Évolution depuis l'admission	Évolution jusqu'à ce jour. • Le patient est alité en raison de l'augmentation des douleurs, en particulier aux membres inférieurs. Monsieur G. supporte difficilement les douleurs permanentes. • Œdèmes membres inférieurs. • Le pansement de l'escarre au talon gauche est refait quotidiennement par l'IDE, l'escarre est en voie de cicatrisation. • Le patient s'alimente peu et boit environ, 3/4 L d'eau aromatisée par jour.
Évolution depuis l'admission (suite)	• Il est levé au fauteuil pour les repas et recouché tout de suite après car la position assise lui occasionne des douleurs. • Il dit bien dormir. • Il a des selles tous les 2 jours depuis son admission. • Est placé sous lunettes à O_2 à 2 L depuis avant-hier.
Vécu de la situation actuelle	Dit en avoir assez d'avoir mal aux jambes, manifeste sa douleur lors des mobilisations, gémit.

Situation par jour	
Traitements en cours : • spécialités • familles pharmaco-thérapeutiques	**Prescriptions en cours** • Oxygénothérapie en continu, lunettes à O_2 2 L/min. • Réfection du pansement escarre 1 x/jour. • Kinésithérapie-mobilisation 1 x/jour. • Perfusion sous cutanée d'hydratation, Glucose 5%, 1000 mL, sur 12 heures la nuit. • EVA : toutes les 6 heures. • Prise de la TA, pulsations, T° : deux fois / jour.
Autres : • kinésithérapie • ergothérapie • régime alimentaire...	<u>Traitements par voie orale</u> • Imovane® 7,5 mg (hypnotique) 0-0-0-1/2. • Cordarone® 200 mg (anti-arythmique cardiaque) : 1-0-0. • Aldactone® 25 mg (diurétique) : ½-0-0. • Inexium® 40 mg (anti ulcéreux gastrique) : 0-0-1. • Chloraminophène® 2 mg (antinéoplasique) : 0-0-1. • Acétylcystéine® 200 mg (fluidifiant bronchique) : 1-0-0. • Forlax ® 10 g (laxatif) : 1-0-0. • Lyrica® 25 mg (antiépileptique donné à visée antalgique) : 0-0-1. • Gabapentine® 300 mg (antiépileptique donné à visée antalgique) : 1-1-1. • Dafalgan® 500 mg (antalgique) : 2-2-2. • Oxynorm® 10 mg (dérivé morphinique) : 1-0-0 si besoin. <u>Patchs</u> • Durogésic® (analgésique) : 25 UG/H le matin à changer tous les 3 jours. • Discotrine® 5 mg (vasodilatateur) : 1-0-0. <u>Les constantes ce matin à 8 heures</u> • TA 12/8, pulsations 88, T° 37,1, EVA : 4.

Devenir de la personne

- A court terme séance de kinésithérapie-mobilisation dans la matinée, visite de sa femme et de son fils en fin d'après-midi.
- A moyen terme lundi, artériographie des membres inférieurs avec au préalable consultation en chirurgie vasculaire.
- A long terme le retour à domicile sera discuté en fonction de la décision ou non de tenter un geste de revascularisation au niveau des membres inférieurs.

Si la prise en charge à domicile s'avère trop difficile ou compliquée (augmentation des passages d'aides, présence indispensable et permanente d'une tierce personne), il faudra envisager un placement en établissement d'hébergement pour personnes âgées dépendantes.

Question : À partir des éléments ci-dessus, vous établirez un tableau des besoins fondamentaux selon Virginia Henderson en indiquant pour chacun d'eux, les manifestations d'indépendance (ressources), les manifestations de dépendance (signes) et les facteurs favorisants (causes).

Conseils méthodologiques

Un cas clinique long avec beaucoup d'éléments à prendre en compte. Soyez rigoureux dans la lecture des données. Commencez par réaliser votre tableau des BF avec les 3 colonnes (ressources, signes, causes). Vous pouvez surligner au fur et à mesure les différents éléments de couleurs différentes.

Sujet n°10

Correction sujet n° 10 : page 129

Monsieur B. est âgé de 53 ans, il est mécanicien de formation. Célibataire, il habite dans un logement social. Sa mère et sa sœur habitent non loin de chez lui.

Il a été amené par le SAMU le 17/03/2015 à 23 heures dans le service de réanimation de l'hôpital où vous exercez en tant qu'aide-soignant(e).

Monsieur B. a ouvert volontairement une bouteille de gaz. L'explosion a détruit les 2 derniers étages de son immeuble. Il a été le seul blessé.
Le diagnostic d'entrée posé est « brûlures par explosion d'une bouteille de gaz lors d'une tentative d'autolyse ».

Le patient a pour antécédents, il y a 20 ans, lors d'une agression, un traumatisme crânien avec perte de connaissance compliqué d'une fracture occipitale à l'origine d'une méningite. L'évolution de ce traumatisme a été marquée par des crises comitiales généralisées, une hypoacousie, des troubles de l'humeur et des malaises.

Depuis cette agression, Monsieur B. est inapte à toute activité et reste atteint d'une invalidité à 80 %. De plus, c'est une personne marginale, alcoolique, toxicomane dont l'hygiène est douteuse. Il se néglige (55 kg pour 1,75 m). Sa mère s'occupe de son appartement.
À son arrivée dans le service, la pression artérielle est de 139/81 mmHg, les pulsations à 103 battements par minute, la température est de 37°7 C. Monsieur B. est sous oxygène à 3 L/mn et présente une saturation à 100 %. Il présente des brulures du 2ᵉ degré au niveau du visage et des mains, du 3ᵉ degré au niveau des membres supérieurs et inférieurs.

Il est porteur d'une voie veineuse centrale et d'une sonde urinaire. Les bilans sanguins et urinaires ont notamment montré la présence de benzodiazépines, d'amphétamines et d'opiacés.

Le traitement mis en place à son arrivée est le suivant :

- Morphine au pousse seringue électrique ;
- Un réhydratant rééquilibrant ionique sur 24 heures ;
- Pansements à la flammazine®(antiseptique et cicatrisant des plaies et des brûlures), réfection tous les jours zone après zone ;
- Vaccin antitétanique ;
- Une héparine de bas poids moléculaire ;
- Régime alimentaire hyperprotidique et hypercalorique ;
- Soins des yeux : lavage au dacryosérum®.

Le patient est totalement dépendant pour tous les actes de la vie quotidienne du fait de la présence des bandages qui recouvrent toutes les parties brûlées et notamment les mains. Il peut boire seul avec une paille. Il nécessite une aide totale à l'alimentation pour chaque repas ainsi qu'une aide totale pour la toilette. Celle-ci est réalisée par un(e) infirmier(e) et un aide-soignant(e). Un matelas anti-escarre a été mis en place. Le patient doit rester en position demi-assise dans le lit, mais le plus souvent il est en position fœtale.

Évolution

- J+1 :
  - T° 38.2°C, absence de douleur ;
  - Consultation psychiatrique prévue pour demain ;
  - Visite de sa mère et de sa sœur : elles ne le trouvent pas mal, peut-être un peu moins bien que d'habitude, c'est tout.

- J+2 :
  - Absence de douleur, T 38.2°C ;
  - Ablation de la voie veineuse centrale : relai per os des antalgiques la journée et injection de morphine en sous cutané avant la toilette et la réfection de pansements ;
  - Ablation de la sonde urinaire : reprise miction sans problème particulier à 18 heures ;
  - Consultation auprès du psychiatre n'a rien donné, patient ininterrogeable.
- J+3 :
  - Absence de douleur ;
  - A bien dormi ;
  - Peu communicatif, se contente de répondre aux questions qu'on lui pose, n'a aucune demande ou désir particulier.
- J+4 : Vous prenez en charge aujourd'hui ce patient, les constantes ce matin sont :
  - Pression artérielle : 139/81 mmHg ;
  - Fréquence cardiaque : 122 battements par minute ;
  - Fréquence respiratoire : 10 cycles par minute ;
  - Saturation en oxygène : 99 % à air ambiant ;
  - Température : 38.5°C.

Le psychiatre vient de passer en chambre. Il a pu discuter avec Monsieur B., mais il note encore de la réticence à parler. Il trouve le patient peu coopérant. Il a appris que la patient avait abandonné tout suivi psychiatrique quelques semaines avant l'incident. Monsieur B. dit n'avoir jamais été hospitalisé en milieu psychiatrique.

Le psychiatre parle d'état dépressif majeur dans lequel s'inscrit le geste auto-agressif du 17 mars 2015. Il précise la demande d'hospitalisation sans consentement par le préfet.

Le suivi psychiatrique sera assuré par le psychiatre de l'hôpital pendant son séjour au rythme de 2 visites par semaine. Monsieur B. sera envoyé dans un centre de rééducation fonctionnelle spécialisée pour personnes brûlées. Une plainte a été déposée auprès du Parquet à son encontre par le maire de la ville pour dégradation de biens publics.

Question 1 : En vous basant sur les diagnostics médicaux, les éléments cités dans le texte et vos connaissances physiologiques, pathologiques, psychologiques et sociologiques, réaliser l'analyse de situation en dégageant les problèmes de santé rencontrés à ce jour par Monsieur B.
(Tout autre problème de santé adapté au patient présenté et analysé sera accepté)

Question 2 : Expliquer l'intérêt d'un régime hyperprotidique et hypercalorique chez Monsieur B. Comment allez-vous évaluer l'efficacité du régime mis en place ?

Conseils méthodologiques

Sujet qui peut paraître difficile du fait des pathologies abordées et de la longueur du sujet. Prenez du temps pour le lire. Vous allez devoir mobiliser des connaissances au regard des éléments du texte, mais surtout amener une analyse reflétant la situation de soins.

Sujet n°11

Correction sujet n°11 : page 130

Aide-soignant(e) dans le service de chirurgie vasculaire, vous prenez en charge, Madame L. 70 ans, entrée hier pour une infection sur prothèse fémoro-poplitée gauche.

Retraitée de l'Éducation Nationale, Madame L. est veuve et vit près de sa fille. Elle ne possède pas de mutuelle.
Ses antécédents sont :

- Hypertension artérielle traitée depuis 10 ans ;
- Diabète non insulinodépendant traitée depuis 6 ans ;
- Infarctus du myocarde il y a 4 mois, traitée par thrombolyse mais ayant eu pour conséquence une ischémie du membre inférieur gauche suite à la coronarographie. L'ischémie a été traitée par un pontage fémoropoplité gauche avec mise en place d'une prothèse. 1 mois après le pontage, nouvelle ischémie de tout le membre inférieur gauche, reprise du pontage et changement de la prothèse rétablissant la vascularisation.

Madame L. est connue du service. Elle est très entourée par sa fille. C'est une personne qui a un contact facile et qui aime bien discuter.

Il y a 2 jours, Madame L. consulte son médecin traitant pour un œdème important au niveau du membre inférieur gauche accompagné d'une hyperthermie à 38,5 °C. Il y a une gêne fonctionnelle importante. Le médecin décide de la faire hospitaliser pour suspicion d'infection sur prothèse.

Lors de la toilette ce matin avant son départ au bloc opératoire, Madame L. verbalise le fait qu'elle en a « marre de toutes ces interventions qui ne marchent pas, elle ne comprend pas ce qui lui arrive car au début c'était le cœur qui était malade... » Sa jambe gauche est très douloureuse.

Elle est opérée ce jour sous anesthésie générale pour mise en place d'un système de lavage drainage en continu mis en aspiration.

À son retour de la salle de réveil, elle a en plus du système de drainage, un pansement compressif au niveau de la jambe gauche avec une attelle. Elle est porteuse d'une voie veineuse périphérique. Un matelas anti-escarre ainsi qu'un cerceau ont été mis en place. Vous vous inquiétez car elle ne parle pas se contentant de répondre par oui et non. Elle dit ne pas souffrir. Elle soupire.

Avant la fin de votre poste, vous effectuez la prévention d'escarre et les soins de confort. Elle parait inquiète. Son visage est crispé. Ses yeux sont fermés et elle refuse de communiquer avec vous mais aussi avec sa fille présente.

Le lendemain lors de votre arrivée, l'équipe de nuit vous transmet qu'elle a mal dormi et qu'elle a été retrouvée de nombreuses fois en pleurs. Lors de vos soins elle est passive et ne pose aucune question.

Question 1 : Lors des transmissions orales, l'infirmière évoque le diagnostic infirmier de « perte d'espoir ». Vous donnerez les éléments qui permettent de le justifier.

Question 2 : Quels sont les objectifs à poser au regard de la situation ?

Question 3 : Quelles actions pouvez-vous mettre en place au regard de ces objectifs ?

Conseils méthodologiques

Vous pouvez lister les différents éléments du sujet qui répondent à la question n°1 : classez les si possible par thème. Développez vos actions de façon précise : c'est votre expérience professionnelle qui doit parler.

Sujet n°12

Correction sujet n° 12 : page 131

Vous exercez comme aide-soignant(e) en service de chirurgie et avez en charge depuis une semaine Mme P., pour bilan d'artérite stade IV et apparitions de lésions cutanées au niveau du pied droit.

Mme P. a 62 ans, elle est veuve et vit seule dans un pavillon de plain-pied. Ses enfants vivent à quelques kilomètres de chez elle et lui rendent très régulièrement visite.

Jusqu'à maintenant, Mme P. était autonome pour l'ensemble de ses soins d'hygiène et ses actes de la vie quotidienne.

Elle présente des troubles du sommeil du fait de douleurs importantes au niveau de son pied.

Elle participe régulièrement aux sorties organisées par son club de patchwork. Elle va souvent au restaurant et aime tout particulièrement les plats en sauce.

Elle a comme antécédents : hypertension artérielle, hypercholestérolémie, artérite, tabagisme, diabète et angor.

Le bilan effectué durant cette semaine montre une thrombose de l'artère iliaque nécessitant une amputation au 1/3 moyen de la jambe droite.

Depuis l'annonce de cette amputation, Mme P. pleure souvent, elle parle peu.

Au retour du bloc, le moignon est fermé avec des fils, Mme P. est très agitée, pleure, réclame sa jambe, arrache son pansement et ressent de vives douleurs.

Sa première nuit est de mauvaise qualité. Elle se réveille souvent.

Les premiers jours post-opératoires sont difficiles. Elle cache « ses jambes », car elle ne veut pas montrer son handicap. Elle ferme les yeux ou tourne la tête quand les infirmières lui refont son pansement. Lors des visites de ses enfants, elle manifeste de l'indifférence.

Après avoir reçu un traitement en urgence, elle présente toujours au bout de 2 jours une hémiplégie droite, elle peut répondre aux ordres simples mais pas aux ordres complexes. Même si elle est très entourée par sa famille, elle exprime un sentiment d'impuissance, elle a souvent les larmes aux yeux et a bien conscience de son état. Elle se fait du souci pour son avenir mais surtout pour ses enfants qu'elle refuse de voir pour l'instant afin de les préserver.

Après avoir été à jeun à cause du risque de fausse route pendant 9 jours, elle peut boire de l'eau gélifiée et passe en alimentation mixée. Son traitement médicamenteux est modifié.

Elle est suivie depuis son arrivée par une orthophoniste. Elle a fait de nombreux progrès, elle peut répéter quelques mots et reconnaît les chiffres jusqu'à 10, les lettres de l'alphabet et les jours de la semaine. Elle possède une bonne compréhension de ce qu'on lui demande.

Elle travaille quotidiennement avec un kinésithérapeute et aujourd'hui peut tenir assise au bord du lit et ira au fauteuil demain. Elle présente toujours une paralysie faciale droite, une paralysie du membre supérieur droit avec un début de mouvement volontaire du membre inférieur droit. Elle est continente le jour mais incontinente la nuit.

Question 1 : Au regard de la situation exposée, identifiez les problèmes réels et/ou potentiels à J1.

Question 2 : Au regard de chaque problème, citez 5 actions relevant de votre champ de compétence.

Question 3 : L'infirmière vous demande de participer à l'éducation de Mme P. concernant son diabète et son artérite. Quels conseils pouvez-vous lui donner ?

Conseils méthodologiques

L'artérite est un sujet fréquemment abordé dans les concours. La difficulté réside ici surtout dans la multiplicité des problèmes de santé qui se greffe autour. Soyez rigoureux afin de bien mettre les éléments au regard du "bon" problème de santé.

Sujet n°13

Correction sujet n° 13 : page 134

Vous êtes aide-soignant(e) en médecine interne et vous avez en charge Monsieur C 30 ans, marié, sans enfant, agent de sécurité, admis il y a une semaine pour maladie de Crohn.

Il est sous corticothérapie, traitement antidiarrhéique et traitement anti-infectieux. Il prend un hypnotique pour dormir le soir au coucher.

Il a un régime alimentaire en rapport avec sa pathologie. Certains aliments lui sont interdits.

Ce matin, en allant faire la réfection de son lit, il se plaint d'avoir peu dormi, il a été réveillé plusieurs fois dans la nuit par des douleurs abdominales. Il a reçu des antalgiques. Il a peu d'appétit et touchent peu à ses plateaux repas. Il a perdu du poids. De plus, il est très anxieux quant à l'évolution de sa maladie et à son avenir.

Question 1 : En regard des éléments du texte, dégagez les problèmes de santé.

Question 2 : Proposez 4 actions personnalisées et adaptées au regard de chacun des besoins.

Conseils méthodologiques

Les problèmes de santé sont normalement définis de façon précise avec une syntaxe particulière. Pour votre réponse, vos problèmes de santé doivent reprendre les mots clés exprimant le problème. C'est tout à fait suffisant.

Pour faciliter votre travail, réalisez au brouillon un tableau où vous présenterez les signes observables et pourrez faire les liens adaptés.

Sujet n°14

Correction sujet n° 14 : page 134

C'est la période estivale et cela fait plusieurs jours que les températures sont élevées. Madame H. 78 ans est entrée hier soir en urgence pour déshydratation dans le service de gériatrie de l'hôpital. Elle vient de son domicile où elle était autonome pour tous les gestes de la vie quotidienne. Ce matin, vous prenez en charge la toilette de Madame H. car elle est fatiguée. Dès le début, la patiente se montre agressive.

Question 1 : En vous basant sur vos connaissances concernant la distance entre les personnes ou proxémie, comment expliquez-vous cette agressivité ? Comment la gérer ?

Question 2 : Citer les premiers symptômes de déshydratation (4 réponses attendues).

Question 3 : Quelles sont vos actions en tant qu'aide-soignant(e) dans la prévention du risque de déshydratation surtout en période de canicule ?

Conseils méthodologiques

Vos connaissances sont évaluées, soit sur des comportements pratiques à adopter, soit sur des connaissances théoriques, soit, comme ici, sur les deux. Il est important de faire des liens et montrer que vous avez parfaitement compris la situation de soins.

Sujet n°15

Correction sujet n° 15 : page 135

Monsieur F., 40 ans, présente une infection par le VIH découvert il y a 6 mois lors d'une pneumocystose. Actuellement il est hospitalisé en service de soins de suite de pneumologie. Ce centre est éloigné de 400 km de son domicile où vivent son épouse qui est au chômage et son fils de 14 ans.
Il a été admis hier dans le service de médecine interne du centre hospitalier dont dépend le centre de soins de suite où vous exercez comme aide-soignant(e). Il est hospitalisé pour altération de son état général depuis 7 jours.

Menuisier de formation, il a cessé toute activité professionnelle depuis 2 ans et perçoit une allocation adulte handicapé.
Monsieur F. est contrarié car cette hospitalisation prolonge son séjour loin de sa famille. Il ne supporte plus d'être éloigné de sa famille, d'autant plus que son séjour en soins de suite se terminait normalement cette semaine. Il pose énormément de questions sur son devenir.

A son entrée dans le service, il présente une déshydratation importante avec une candidose buccale.
Ses antécédents sont :

- hépatite C chronique non traitée ;
- candidose buccale à répétition ;
- diabète insulino-dépendant depuis 1 an ;
- syndrome dépressif traité ;
- tabac : 1 paquet par jour ;
- toxicomanie à l'héroïne sevrée.

Dans le dossier de soins, vous trouvez les informations suivantes :

- fatigue, tient difficilement sur ses jambes, se déplace lentement en traînant des pieds ;
- aide partielle pour la toilette ;
- troubles de la mémoire ;
- mange peu, a perdu le goût des aliments, n'a pas envie de manger ;
- 54 kg pour 1,70 m, a perdu 8 kg en 2 mois ;
- refuse de prendre son traitement pour le SIDA ;
- dort peu et mal, difficultés d'endormissement (idées noires, dit souvent qu'il ne sert à rien).

Cette nuit il a présenté plusieurs épisodes de diarrhées d'odeur très forte. Il présente une phlyctène douloureuse au niveau du sacrum. Ce matin il s'est plaint d'avoir des difficultés à déglutir, il présente une température à 38.5°C, une pression artérielle à 90/50 mm Hg, pulsations à 90 battements par minute.

Ce matin en rentrant dans sa chambre vous le trouvez recroquevillé au fond de son lit. Il vous dit « laissez-moi mourir »
Le médecin a prescrit le traitement suivant :

- traitement antiviral ;
- antibiotiques ;
- antidépresseur ;
- bain de bouche au bicarbonate et antifongique ;
- insuline en sous cutané ;
- alimentation parentérale avec hydratation en intraveineux.

Question 1 : Au regard des éléments du texte, vous rédigerez l'analyse sociale et familiale de Monsieur F.

Question 2 : Au vu de la situation décrite, citez 3 problèmes de santé chez Monsieur F. Pour un d'entre eux, vous donnerez les éléments du texte qui les évoquent.

Question 3 : N'ayant jamais eu à prendre en charge un patient sidéen, votre collègue aide-soignant de 60 ans est paniqué à l'idée de le prendre en charge. Son premier réflexe est de se revêtir de toutes les mesures de protection possibles afin de ne pas contracter le SIDA. Que lui dites-vous pour le rassurer ?

Conseils méthodologiques

Sujet classique abordé de manière différente. On cherche davantage ici à travailler la posture et les valeurs de soignant. Soyez vigilant quant à d'éventuels à priori et jugements de valeur.

Chapitre 9
Analyse et synthèse de situation : corrections

Correction : sujet n°1

Question 1 : Ayant vécu des chutes à répétition et une expérience douloureuse lors de cette chute où elle est restée 1 heure au sol, Madame R. n'a plus confiance en elle. Que proposez-vous pour la remettre en confiance ? Expliquez.

Il faut absolument dédramatiser la chute. Il est important de lutter contre les conséquences psychologiques de celle-ci. Elle risque d'avoir une image négative d'elle-même, de se replier sur soi (ce qui est le cas de Madame R.) et d'un sentiment de dévalorisation qui fait qu'elle a besoin en permanence d'autrui.

Vous pouvez l'aider à reprendre une activité physique. Les premiers déplacements doivent être aidés et accompagnés, être faits en en toute sécurité mais surtout adaptés aux possibilités de Madame R.. Il ne faut pas la mettre en échec mais au contraire la féliciter et la valoriser en permanence afin de lui permettre de reprendre confiance en elle.

Question 2 : Au niveau préventif, il est possible d'agir sur les facteurs de risque de chute. Expliquez les conseils à mettre en place pour sécuriser le logement et la patiente.

Dans la chambre

- Adapter la hauteur du lit afin qu'elle puisse poser les pieds par terre lorsqu'elle est assise au bord du lit avec les genoux à 90° ce qui lui évitera de glisser en se levant.
- Enlever les meubles à roulettes ou autres meubles peu stables.
- Enlever les descentes de lit.
- Enlever les fils de téléphone ou autres qui traînent par terre.
- Assurer un éclairage minimum si la personne doit se lever la nuit.

Dans la salle de bain et les toilettes

- Mettre en place des barres d'appui afin de pouvoir mieux se relever.
- Laisser une chaise en permanence devant le lavabo.

Autres

- Laisser un accès suffisamment dégagé entre les meubles pour circuler.
- Éviter les vêtements longs (robe de chambre par exemple).
- Chaussures ou chaussons à talons larges, semelle épaisse, bon maintien de l'arrière-pied, ouverture large, fermés si possible au-dessus du pied avec une attache auto-aggripante.

Correction : sujet n°2

Question 1 : Quel va être selon vous le poids du patient ? (ce n'est pas une donnée chiffrée précise qui est attendue mais un ordre de grandeur)

Le poids va être certainement inférieur à 70 kg du fait de la mise en place de diurétiques qui favorisent la diurèse et de la restriction hydrique qui limite, elle, les apports liquidiens.

Question 2 : Expliquer à quoi correspond cette variation de poids ?

Elle correspond à la diminution des œdèmes.

Question 3 : Citer un autre signe lié à la perte de poids qui témoigne de l'amélioration de l'état du patient ?

La disparition de l'essoufflement.

Question 4 : L'oxygénothérapie peut-elle être mise en place à l'initiative de l'aide-soignant(e) ? Justifier votre réponse.

L'oxygénothérapie relève d'une prescription médicale, sa mise en place relève donc de la compétence et de la responsabilité de l'infirmier(ière). L'aide-soignant intervient dans la surveillance du patient en terme d'efficacité, la prévention des risques générés par la thérapeutique, la préparation et la surveillance du matériel (entretien).

Question 5 : Expliquer les différentes surveillances à mettre en place chez ce patient et les actions qui en découlent relevant de votre compétence.

Il y a plusieurs axes de surveillance

Le patient

- S'assurer de l'installation du patient en position demi-assise.
- Surveiller la fréquence respiratoire, la saturation et les téguments (notamment la coloration).
- Rechercher d'éventuelles gênes ou douleurs à la respiration.
- Surveiller l'état de conscience.
- Au niveau des lunettes à oxygène, vérifier le passage de la tubulure des lunettes derrière chaque oreille car cela peut entraîner des rougeurs, des douleurs. De même il faut vérifier la bonne mise en place des ergots des lunettes au niveau des narines.
- Éduquer le patient notamment quant au bon positionnement de son dispositif mais aussi quant au débit prescrit. Il ne doit pas le modifier. En cas de doute, il doit vous prévenir. L'oxygène est un médicament.
- Transmettre toute observation à l'infirmier(ière) et le notifier dans le dossier de soins.

Le matériel

- S'assurer de la continuité des tuyaux et des tubulures permettant la dispensation de l'oxygène, il ne doit pas y avoir ni pliures ou coudures, ni fuites.
- Vérifier que le débit correspond à la prescription faite, vous pouvez l'indiquer au-dessus du manomètre, mais attention de bien changer le chiffre en cas de modification de la prescription.
- Vérifier que le niveau d'eau dans le barboteur est correct, le changer dès que nécessaire afin qu'il ne soit jamais vide.
- Les lunettes sont un matériel à usage unique, elles doivent donc être changées régulièrement (voir protocole du service) ou dès que le matériel est souillé par des mucosités ou autres.
- Nettoyer le manomètre avec une chiffonnette imbibée de produit désinfectant.

Question 6 : En tant qu'aide-soignant(e), vous devez connaître les consignes et précautions à prendre au regard de la dispensation d'oxygène notamment lors de l'utilisation d'obus d'oxygène. Quelles sont-elles ?

- Au vue du risque d'explosion, ne pas fumer à proximité.
- Ne pas mettre de corps gras, d'alcool ou autres en contact direct avec l'oxygène.
- Ne pas poser une bouteille d'oxygène près d'un radiateur.
- Ne pas graisser un manodétendeur.

Correction : sujet n°3

Question : Après avoir analysé les données du texte, dégagez 3 principaux problèmes de santé en les priorisant.

L'hospitalisation de Sophie, jeune fille de 18 ans, est une décision thérapeutique prise par le médecin et signifiant la gravité de la situation à ce jour. Le tableau clinique évoque : aggravation de la perte de poids, anémie, règles douloureuses et irrégulières. Le problème de santé prioritaire est la perte de poids (avec risque de carence, de troubles métaboliques graves). Il est majoré par ce manque d'appétit et par le refus de manger même si elle a faim.

L'isolement social de Sophie est également un problème de santé susceptible d'aggraver le premier. Même si elle est investie dans beaucoup d'associations, ses relations restent superficielles. Elle ne souhaite pas d'ailleurs de relation sérieuse et ne veut pas prendre du temps pour en avoir.

L'isolement et une solitude intérieure conduisent Sophie à ne plus communiquer avec l'entourage, à commencer avec ses parents. C'est un facteur aggravant pour les problèmes de santé précédents.

Correction : sujet n°4

Question : Exposez votre démarche auprès de cette étudiante dans le but de prévenir une infection urinaire.

L'étudiante doit être capable de mobiliser ses connaissances théoriques afin de pouvoir prévenir les infections nosocomiales au cours des soins

S'assurer des connaissances de l'étudiante :

- les modes de transmission des micro-organismes dans le cadre des drainages vésicaux : importance du lavage de mains ;
- les facteurs de risques liés à la situation : alitement, altération de l'état général, présence de la sonde urinaire ;
- les protocoles de soins appris à l'école concernant les soins auprès de personne porteuse d'une sonde urinaire (toilette génitale, vidange du sac collecteur) ;
- les manifestations d'une infection urinaire et leur mise en évidence sur : aspect des urines, odeur, courbe de température.

Réajuster les connaissances et fournir à l'étudiante les protocoles de soins en vigueur dans le service s'ils existent.

Fixer avec elle des objectifs de progression concernant ses connaissances théoriques si besoin, ses compétences techniques (vidange du sac collecteur toilette génitale en respectant les règles d'hygiène hospitalière retenus dans le service).

Encadrer l'étudiante dans la réalisation des soins pour atteindre les objectifs fixés.

Évaluer l'atteinte des objectifs.

Réajuster si besoin.

Correction : sujet n°5

Question 1 : Définisser la maladie d'Alzheimer.

Démence de type dégénératif entraînant des détériorations des fonctions supérieures de façon globale et irréversible.

Question 2 : Vous avez accueilli Madame S. pour son entrée en institution. Énoncer les actions que vous avez mises en œuvre pour réaliser son accueil.

- Nommer la personne âgée par son nom.
- Se présenter.
- Présenter sa chambre.
- Présenter le service, et les membres de l'équipe présents.
- Donner des repères dans le temps et dans l'espace.
- La présenter aux autres résidents.
- Parler calmement, reformuler, être sécurisant.
- Débuter le recueil de données, habitudes de vie.
- Agencer la chambre avec objets personnels si elle en a.
- Lui expliquer comment va se dérouler l'après-midi et comment vont s'organiser les soins pour l'après-midi.

Citer les 2 objectifs que vous souhaitez atteindre par la mise en œuvre de ces actions.

L'accueil permet de rassurer et de favoriser l'adaptation de Madame S. à son nouvel environnement.

Question 3 : Madame S. présente des signes de déshydratation. Citer 5 signes cliniques d'une déshydratation chez le sujet âgé.

- Soif.
- Sécheresse cutanée/pli cutané. Sécheresse des muqueuses.
- Fièvre parfois.
- Symptômes neuropsychiques (confusion).
- Hypotonie des globes oculaires, cernes.
- Signes cardio-vasculaires. hypotens ↓ + bradycardie
- Perte de poids.
- Oligurie.

Question 4 : À partir des données de la situation de Madame S. et de vos connaissances, analyser la situation et identifier et argumenter les problèmes et les risques pour Mme S.

1) Suspicion de maladie d'Alzheimer se manifestant par une désorientation temporo-spatiale et des troubles mnésiques.
2) Déshydratation.
3) Anémie.
4) Mobilité réduite liée à ses douleurs, à ses antécédents médicaux et chirurgicaux se manifestant par des déplacements difficiles malgré le déambulateur.
5) Altération de l'intégrité cutanée liée à la mobilité réduite, âge, fuites urinaires, état nutritionnel défavorable et se manifestant par des rougeurs fessières, une

désépidermisation sacrée superficielle et risque d'escarres aux autres points d'appui favorisé par la mobilité physique réduite.

6) Incontinence urinaire fonctionnelle liée à la mobilité réduite, à l'âge, se manifestant par des fuites urinaires.
7) Alimentation déficiente liée à une diminution de l'appétit ou un dégout de la nourriture proposée se manifestant par une perte de poids de 3 kilos, et ses propos.
8) Douleur liée à ses antécédents se manifestant par ses propos « j'ai mal partout surtout aux talons et à la jambe droite ».
9) Sentiment d'inquiétude ou anxiété lié à son entrée en institution et au handicap de son fils se manifestant par ses propos : « j'ai peur ».
10) Risque de constipation favorisé par la mobilité physique réduite, diminution de l'hydratation et de l'alimentation.

Au regard de chaque problème énoncé, dégager les actions à mettre en œuvre

Actions

1 Donner des repères dans le temps et dans l'espace (la restituer régulièrement), veiller à la prise effective de l'Arisept 5 mg le soir avant le coucher. Lui expliquer si nécessaire l'intérêt du traitement car c'est une nouvelle prescription.

2 S'assurer que la perfusion est bien place, en expliquer l'intérêt et mettre en place la surveillance de celle-ci (débit, point de ponction...).

Favoriser l'hydratation per os ; surveiller les signes de déshydratation.

Mettre en œuvre une feuille de surveillance des apports hydriques, proposer des boissons prenant en compte ses goûts.

3 Surveiller les constantes : pulsations, pression artérielle.

4 Indiquer la sonnette afin de demander de l'aide pour les déplacements, installer dans la chambre le déambulateur à proximité du lit.

S'informer du suivi en kiné rééducation toujours en cours.

Observer si douleurs au cours des mobilisations.

5 Mettre en œuvre un plan de prévention des escarres aux points d'appui intègres par effleurage et changements de position à programmer.

Observer l'état du sacrum et transmettre à l'infirmière.

Favoriser alimentation et hydratation.

Assurer les soins d'hygiène et de confort (corporels, literie).

6 Dire de sonner dès que l'envie d'uriner survient pour l'accompagner aux WC.

Proposer une chaise percée dans la chambre surtout que Mme S. doit boire du fait des signes de déshydratation proposer une protection pour le confort.

7 Établir une fiche de suivi alimentaire. Chercher les causes de sa perte d'appétit prendre en compte ses goûts, lui expliquer que ses repas peuvent être pris en salle à manger même avec sa perfusion et que l'équipe prendra en compte ses habitudes et demandes.

Voir avec le médecin si prescription diététicienne.

8 Appliquer la prescription d'antalgiques et vérifier la prise du médicament.

Expliquer que la douleur aux talons s'atténuera grâce aux effleurages et lui conseiller de mobiliser ses jambes au lit et au fauteuil, concernant la douleur à la jambe droite observer sa position au fauteuil, au lit et proposer une posture antalgique si nécessaire.

9 Sur le plan relationnel, établir une relation de confiance favorisant l'expression de ses besoins et de son inquiétude afin de la connaître progressivement et favoriser son intégration dans la structure, concernant son fils lui dire que celui-ci a rendez-vous avec l'assistante sociale et à ce moment-là les IDE pourraient lui expliquer le fonctionnement du service.

10 Mettre en place une feuille de surveillance des selles, connaître ses habitudes pour adapter horaires d'installation aux WC, faire le lien avec l'hydratation et l'alimentation.

Correction : sujet n°6

Question 1 : Après avoir fait l'analyse de la situation du jour de Madame O., vous énoncerez deux problèmes de santé au regard de celle-ci.

Ce jour nous sommes en présence de Madame O. Mariée, mère de 2 enfants en bas âge, elle reçoit la visite quotidienne de son mari. Elle travaille dans une mairie comme fonctionnaire.

Hospitalisée en urgence à la demande de son médecin traitant devant un tableau d'altération de l'état général pour une leucémie aiguë myéloblastique, nous sommes à J 11 de sa chimiothérapie. Elle présente ce jour une aplasie liée à la chimiothérapie nécessitant la mise en place d'un isolement protecteur.

Madame O. présente un état de fatigue important l'empêchant de réaliser sa toilette et des difficultés pour se déplacer.

De plus cette mère de famille commence à perdre ses cheveux. Elle a peur du regard de son entourage.

Elle s'inquiète aussi de son devenir, qui pour elle, est fatal.

Anxiété (ou peur, ou perturbation de la dynamique familiale) liée à l'évolution de sa maladie et se manifestant par des propos très négatifs « parle de sa mort prochaine ».

Fatigue liée à une altération de l'état général se manifestant par des difficultés à vouloir effectuer sa toilette.

Risque de perturbation de l'image corporelle liée à la chute de ses cheveux.

Question 2 : Expliquez le principe d'un isolement protecteur.

Il permet d'éviter que tout agent infectieux, issu de l'environnement d'autres patients du service ou véhiculé par les soignants se transmette à des patients dont les défenses immunitaires sont altérées du fait d'une maladie, d'un traitement ou d'une intervention chirurgicale.

Correction : sujet n°7

Question 1 : Au regard des éléments du texte, citez et justifiez les besoins perturbés de Madame C en vous basant sur les éléments de dépendance.

Question 2 : Proposez pour chacun d'eux 5 actions pertinentes à la situation.

Vous pouvez rédiger une réponse pour chaque question. Vous pouvez également présenter vos réponses sous forme de tableau.

Les réponses proposées ici ne sont pas exhaustives.

Besoins	Justifications/éléments de dépendance	Actions
Se mouvoir, maintenir une bonne posture	• 1 m 50 pour 84 kg, IMC = 37,3 (obésité). • Bas de contention. • Se déplace lentement avec canne et s'essouffle rapidement. • Très fatiguée.	• Mettre les bas de contention. • Réaliser son premier lever avec une infirmière du service. • Évaluer sa douleur et en tenir compte dans sa mobilisation. • L'installer confortablement au fauteuil. • Tenir compte de son état de fatigue pour évaluer le temps à passer au fauteuil. • Surveiller sa respiration. • Transmissions orales et écrites.
Boire et manger	• N'apprécie pas les repas servis. • 1 m 50 pour 84 kg, IMC = 37,3.	• Vérifier auprès de l'infirmier si régime alimentaire en place. • Essayer de respecter ses goûts dans le choix des menus. • Contacter la diététicienne. • Surveillance du poids. • Surveillance alimentaire. • Transmissions orales et écrites.
Être propre, soigné, protéger ses téguments	• Toilette au lit. • Fatiguée. • Mobilité réduite. • Surcharge pondérale.	• Réaliser la toilette au lit et soins de bouche en tenant compte de son autonomie et de son état de fatigue. • Préserver son intimité et sa pudeur. • Choisir avec elle si possible le moment propice en tenant compte de votre organisation, de la prise éventuelle d'antalgiques (voir avec l'infirmier). • Surveillance des points d'appuis. • Prévention des escarres. • Transmissions orales et écrites.
Éviter les dangers	• Risque de nouveau malaise. • Essoufflement à l'effort. • Alitement et risque d'hypotension orthostatique lors du premier lever.	• Surveillance des signes d'évolution de l'insuffisance cardiaque et respiratoire (pouls, fréquence respiratoire, coloration des téguments...). • Mise en place des bas de contention avant le lever. • Lui rappeler que tout déplacement doit se faire en présence d'un soignant afin de prévenir les chutes. • Transmissions orales et écrites.

Se vêtir et se dévêtir	• Essoufflement à l'effort.	• Aider à l'habillage. • Transmissions orales et écrites. • Tenir compte de son état respiratoire pour réaliser le soin. • L'encourager à le faire elle-même si son état le permet, tout du moins la laisser commencer. • Lui permettre de choisir ses vêtements en la guidant dans ses choix afin de trouver des vêtements confortables et pratiques.

Correction : sujet n°8

Question 1 : Citer les signes cliniques de déshydratation aiguë chez un enfant.

- Chute du poids.
- Pli cutané.
- Hypotonie des globes.
- Bouche sèche.
- Soif.
- Fontanelle déprimée.
- Hypotonie, asthénie, troubles du comportement.
- Pâleur.
- Oligurie.
- Tachycardie.

Question 2 : Expliquer quel est le signe de gravité de la déshydratation chez Rose.

La chute de poids est de 10 % environ du poids du corps. Il y a un mois Rose pesait 7,800 kg, le jour de son entrée elle pesait 6,800 kg. La perte de poids est de 1 kg.

Question 3 : Citer les principes de la réalimentation chez un enfant après une diète lors d'un épisode de diarrhée et de déshydratation.

La réalimentation doit être progressive. Le lait et tout produit laitier doivent être supprimés.

Favoriser les aliments antidiarrhéiques : carottes, riz, pommes, bananes, coings. Tous les autres fruits et légumes crus ou cuits, les crèmes sont à interdire.

Les produits laitiers seront réintroduits progressivement tout comme les autres aliments. Cela se fera en fonction de la qualité des selles.

Question 4 : La maman de Rose vous appelle ce matin car la grande sœur de 6 ans souhaite apporter cet après-midi un jouet. Elle vous demande conseil. Que lui dites-vous ?

Le jouet doit tout d'abord répondre aux normes de sécurité, il ne doit pas couper l'enfant ni pouvoir se démonter en petites pièces afin d'éviter l'ingestion de celles-ci.

L'enfant a acquis la marche depuis peu, un objet qui se pousse ou se tire peut l'aider à améliorer sa coordination et son équilibre.

Un objet qui améliore la coordination mains comme ballon, jeux de cubes à emboiter ou objets gigognes, des livres dont elle peut elle-même tourner les pages.

On peut également proposer un objet qui la rassurera par sa présence, comme une poupée en chiffon ou une peluche.

Correction : sujet n°9

Question : À partir des éléments ci-dessus, vous établirez un tableau des besoins fondamentaux selon Virginia Henderson en indiquant pour chacun d'eux, les manifestations d'indépendance (ressources), les manifestations de dépendance (signes) et les facteurs favorisants (causes).

	Les besoins fondamentaux selon VH	Les manifestations d'indépendance (ressources)	Les manifestations de dépendance (signes)	facteurs favorisants (causes)
1	Respirer	Respire de façon autonome.		
2	Boire et manger	Mange seul.	Mange insuffisamment, boit 3/4 L d'eau aromatisée.	Douleurs, maladie de Waldenström (asthénie, paralysie membres inférieurs).
3	Éliminer	Demande parfois le bassin et l'urinal. A des selles tous les 2 jours.	Incontinence urinaire et fécale. Porte un change. Constipation traitée.	Alitement, Effets indésirables des morphiniques.
4	Se mouvoir et maintenir une bonne posture	Déplacement en fauteuil roulant Peu de tolérance à la position assise.	Est surtout alité. Ne peut pas s'installer seul pour manger. Anxieux et crispé lors des mobilisations.	Douleurs. Arthrose, œdèmes membres inférieurs, escarre talon. Paralysie des membres inférieurs (symptômes de la maladie de W).
5	Dormir et se reposer		Dit bien dormir (traitement par Imovane®).	Anxiété. douleurs.
6	Se vêtir et se dévêtir	Peut participer à l'habillage. Coopérant aux soins.	Ne peut pas s'habiller seul.	Maladie de Waldenström (asthénie) Douleur, artérite, arthrose.
7	Maintenir la température du corps dans les limites de la normale	Peut s'exprimer s'il a froid ou chaud. Peut tirer la couverture.		
8	Être propre	Peut se laver le visage, se brosser les dents. Peut participer à la toilette du haut du corps ? Coopérant.	Ne peut pas faire la toilette du bas. A des problèmes dermatologiques : croûtes noires sur le visage, plaques de psoriasis sur les coudes + jambes. Escarre au talon gauche.	Douleurs.

9	Éviter les dangers		**Douleur** Risque de chute. Risque de constipation. Risque infectieux (perfusion sous cutané). Risque thrombo embolique. Risque ulcère gastrique. Risque d'hypotension Risque de dénutrition et déshydratation. Risque encombrement bronchique. Risque d'escarre et d'aggravation de l'escarre.	Alitement, arthrose, artérite. Alitement + morphinique. Effets indésirables morphiniques. Perfusion Sous cutanée. S'alimente et s'hydrate de façon non suffisante, alitement.
10	Communiquer	Il communique facilement. Il répond aux questions posées. Calme et souriant.	Il ne comprend pas toujours ce qu'on lui dit. Épisodes de tristesse.	Troubles de la mémoire. Démence débutante.
11	Agir selon ses croyances et ses valeurs	Catholique non pratiquant. N'exprime pas d'attente particulière pour ce besoin.		
12	S'occuper en vue de se réaliser	Se contente de faire ce qu'il est encore capable de réaliser.		
13	Se récréer, se divertir	Écoute la radio en journée et apprécie les émissions télévisées de variété.		Baisse de l'acuité visuelle (M de Waldenström).
14	Apprendre		Troubles de la mémoire à court terme.	Début de démence.

Correction : sujet n°10

Question 1 : En vous basant sur les diagnostics médicaux, les éléments cités dans le texte et vos connaissances physiologiques, pathologiques, psychologiques et sociologiques, réaliser l'analyse de situation en dégageant les problèmes de santé rencontrés à ce jour par Monsieur B.
(Tout autre problème de santé adapté au patient présenté et analysé sera accepté)

Monsieur B est âgé de 53 ans. Il a été adressé en urgence dans le service de réanimation pour brûlures du 2e et 3e degré au niveau des membres supérieurs et inférieurs après une tentative d'autolyse par utilisation d'une bouteille de gaz. Ce geste est sous tendu par une dépression majeure.

Mécanicien de formation, il a été victime d'une agression il y a 20 ans, un traumatisme crânien avec perte de connaissance compliqué d'une fracture occipitale à l'origine d'une méningite. L'évolution de ce traumatisme a été marquée par des crises comitiales généralisées, une hypoacousie, des troubles de l'humeur et des malaises.

À la suite de cet accident, atteint d'une invalidité à 80%, il a été déclaré inapte à toute activité professionnelle.

Célibataire, il vit près de sa mère et de sa sœur. Il est connu comme une personne alcoolique, marginale et toxicomane.

Du fait des brûlures importantes il y a une altération des mécanismes de défense. La peau ne peut plus jouer son rôle de protection contre les agressions extérieures. Il existe donc **un risque infectieux**. D'ailleurs la température oscille entre 38.2°C et 38.5°C.

L'importance des pansements recouvrant le corps entraîne une limitation des mouvements aussi bien au niveau des membres supérieurs (mains) que des membres supérieurs (jambes). Cette situation fait que le patient à une **dépendance physique totale pour toutes les activités de la vie quotidienne. Il ne peut ni manger, ni boire, ni effectuer ses soins d'hygiène, ni protéger ses téguments, il ne peut pas se mobiliser seul dans son lit ni se maintenir dans une bonne posture**.

Il faut donc que vous assuriez toutes les activités du patient et notamment les soins d'hygiène. C'est un moyen de contrôler l'état cutané de Monsieur B..

Il y a **un risque de douleur** notamment lors de la toilette et de la réfection des pansements. Un traitement de fond par des antalgiques per os et la réalisation d'une sous cutané de morphine lors des soins douloureux permettent à ce jour de gérer au mieux la douleur. Il reste donc important d'évaluer correctement la douleur (EVA) et de transmettre les observations et informations à l'infirmier afin d'adapter au mieux le traitement.

Du fait de son alitement et de son incapacité à se mobiliser seul, mais aussi de son état général (dénutrition), le **risque d'altération cutanée** est majoré. La mise en place d'un matelas anti-escarre et la position demi-assise participent à la limitation de ce risque.

Le risque thromboembolique du fait de cet alitement prolongé est important d'où la mise en place d'une héparine de bas poids moléculaire.

Question 2 : Expliquer l'intérêt d'un régime hyperprotidique et hypercalorique chez Monsieur B. Comment allez-vous évaluer l'efficacité du régime mis en place ?

Le régime hyperprotidique permet la restauration et le maintien de l'état cutané par un apport nutritionnel suffisant. Le régime hypercalorique favorise la reconstruction tissulaire en apportant de l'énergie.

Correction : sujet n°11

Question 1 : Lors des transmissions orales, l'infirmière évoque le diagnostic infirmier de « perte d'espoir ». Vous donnerez les éléments qui permettent de le justifier.

- Ne parle pas, se contente de répondre par oui et non.
- Soupire.
- Visage crispé.
- Inquiète.
- Yeux fermés.
- Refuse de communiquer avec vous et avec sa fille.
- Mal dormi cette nuit.
- Retrouvée plusieurs fois en pleurs cette nuit.

- Ne pose aucune question.
- Passive.

Question 2 : Quels sont les objectifs à poser au regard de la situation ?

Le 1er objectif serait qu'elle puisse verbaliser ce qu'elle ressent. Elle est d'habitude dans l'échange et lors de cette hospitalisation elle est repliée sur elle-même, semblant fuir le contact.

Au regard de ce qu'elle a exprimé (au début c'était le cœur qui était malade), on peut s'interroger également sur la bonne compréhension de la pathologie et des soins qui en découlent.

Enfin, il faut la faire participer à ses soins dans la mesure de ses capacités. Elle ne doit pas être passive mais actrice de ses soins.

Question 3 : Quelles actions pouvez-vous mettre en place au regard de ces objectifs ?

Objectif 1

- Être à son écoute, se montrer disponible et attentive.
- L'encourager à exprimer ce qu'elle ressent sans aucun jugement de votre part.

Objectif 2

- Apprécier le niveau de compréhension de la patiente.
- Voir avec l'équipe soignante et le chirurgien si elle a bien eu toutes les informations utiles afin de comprendre sa pathologie et les soins afférents.
- Le faire en présence de sa fille qui peut être un relai.
- Faire reformuler la patiente sur ce qu'elle sait afin de rectifier éventuellement ou compléter les informations.

Objectif 3

- Prévenir et expliquer les soins à effectuer.
- Prendre en compte ses capacités afin de la faire participer (toilette, mobilisation, alimentation...).
- La valoriser dans ce qu'elle fait, la féliciter pour ses efforts.
- Se servir de sa fille comme d'une personne ressource.

Correction : sujet n°12

Question 1 : Au regard de la situation exposée, identifiez les problèmes réels et ou potentiels à J1.

Problèmes réels :

- douleur : « ressent de vives douleurs », « sa première nuit est de mauvaise qualité, elle se réveille souvent » ;
- mobilité réduite liée aux suites et à la nature de l'intervention (amputation d'un membre, douleur, fatigue) ;
- image corporelle non acceptée : « réclame sa jambe », « sa première nuit est de mauvaise qualité. Elle se réveille souvent », « elle cache « ses jambes », car elle ne veut pas montrer son handicap », « elle ferme les yeux ou tourne la tête quand les infirmières lui refont son pansement » ;
- sommeil perturbé : lié essentiellement à la non acceptation de son état de santé et à la douleur ;
- problèmes de santé connus avant l'intervention : diabète, hypertension artérielle et d'angor.

s potentiels :

ıe hémorragique : intervention chirurgicale lourde avec présence d'une plaie opératoire.

ıe infectieux : plaie opératoire, patiente qui arrache son pansement.

- risque de complication de décubitus (alitement et amputation de la jambe) :
  - risque d'encombrement bronchique ;
  - risque d'escarres ;
  - risque d'infection urinaire ;
  - risque thrombo embolique ;
  - risque de constipation.

Question 2 : Au regard de chaque problème, citez 5 actions relevant de votre champ de compétence.

Actions de soins, problèmes réels.

- Douleur :
  - lors des soins (toilette par exemple), évaluer la qualité, l'intensité, l'efficacité du traitement contre la douleur dispensé par l'infirmière ;
  - surveiller l'évolution de la douleur lors des soins ;
  - repérer les positions antalgiques mises en place ;
  - mettre en place un climat de calme ;
  - transmissions orales et écrites.

- Mobilité réduite :
  - aide à la toilette ;
  - aide au repas (au minimum sur l'installation) ;
  - aide pour l'élimination (bassin) ;
  - aide à la mobilisation (changement de position imposé pour prévenir les escarres) ;
  - mettre tous les objets nécessaires à sa portée.

- Image corporelle non acceptée :
  - favoriser l'expression verbale et/ou non verbale par rapport au changement de l'image corporelle ;
  - relever les commentaires de Mme P., les transmettre ;
  - être attentive à toute expression (colère, pleurs) ;
  - adopter une attitude compréhensive (empathie) ;
  - instaurer un climat de confiance ;
  - essayer de la divertir : musique, télévision, revues... ;
  - rendre visite fréquemment à Mme P. pour lui montrer l'intérêt qu'on lui porte ;
  - respecter ses désirs par rapport au fait de cacher ses jambes à l'aide des draps ou de la couverture ;
  - inciter Mme P. à regarder son moignon et la féliciter lorsqu'elle le regarde.

- Sommeil perturbé :
  - veiller à une occupation diurne conséquente ;
  - mettre en place des conditions favorables à l'endormissement (luminosité, bruit, installation...) ;
  - éviter la prise de boissons excitantes à partir de 16 h 00 ;
  - évaluer la douleur et si besoin voir avec l'infirmière et ou le médecin pour adapter la prise du traitement ;
  - observer le déroulement de ses nuits et quantifier le temps de sommeil.

- Problèmes de santé connus avant l'intervention (diabète, hypertension artérielle et d'angor) :
  - participer au recueil de données (pouls, température, pression artérielle) ;
  - observer tous les signes cliniques potentiels ;
  - rendre compte à l'infirmière de ses observations dès que nécessaire ;
  - transmissions orales et écrites.

Actions de soins, problèmes potentiels.

- Risque hémorragique :
  - surveiller l'état du pansement ;
  - observer tous les signes d'hémorragie : locaux (pansement, drains de Redon), généraux (pâleur, troubles cardiaques...).

- Risque infectieux :
  - surveiller la température ;
  - observer le pansement : couleur, tâches, odeurs.

- Risque de complication de décubitus (alitement et amputation de la jambe) :
  - risque d'encombrement bronchique : favoriser la position demi-assise, surveiller le rythme respiratoire et les éventuels crachats ;
  - risque d'escarres : changement de draps (éviter les plis et les miettes), changement de position fréquent, massages trophiques, hydratation, alimentation correcte et enrichie en protides ;
  - risque d'infection urinaire : hydratation suffisante, surveillance des urines (couleur, aspect, quantité), brûlures mictionnelles, surveillance de l'abdomen ;
  - risque thrombo embolique : mobilisation passive de la jambe gauche, surveillance des signes de phlébite, surélever les pieds du lit ;
  - risque de constipation : alimentation riche en fibres, habitudes d'élimination, hydratation, surveillance des selles (aspect, quantité).

Question 3 : L'infirmière vous demande de participer à l'éducation de Mme P. concernant son diabète et son artérite. Quels conseils pouvez-vous lui donner ?

Plusieurs thèmes peuvent être abordés.

- Les soins des pieds :
  - ne jamais marcher pieds nus ;
  - observer ses pieds à la recherche d'éventuelles lésions ;
  - ne pas utiliser de bouillote pour réchauffer ses pieds ;
  - attention au risque de gelures ;
  - laver les pieds tous les jours ;
  - sécher correctement notamment les espaces interdigitaux ;
  - pas d'objets tranchants et ou abrasifs pour les soins des ongles et des pieds ;
  - ne pas couper les ongles trop courts ni dans les angles ;
  - aller si possible régulièrement chez un pédicure ;
  - pas de bain de pieds trop long ni trop chaud ;
  - chaussettes en coton ou en laine à changer tous les jours ;
  - chaussures en cuir, pas de talons supérieurs à 4 cm ;
  - vérifier l'absence de gravier ou autres dans la chaussure et sur la semelle.

- Conseils diététiques :
  - limiter les graisses animales et sucres rapides ;
  - pas de boissons alcoolisées ;
  - surveillance pondérale : perte de poids à envisager ;
  - suppression du tabac.

- Activités physiques :
  - marche recommandée pour favoriser la circulation.

Correction : sujet n°13

Question 1 : En regard des éléments du texte, dégagez les problèmes de santé.

Question 2 : Proposez 4 actions personnalisées et adaptées au regard de chacun des besoins.

Vous pouvez rédiger une réponse pour chaque question. Vous pouvez également présenter vos réponses sous forme de tableau.

Les réponses proposées ici ne sont pas exhaustives.

Problèmes de santé	Actions
La douleur	• Faire préciser le type, l'intensité et la localisation de la douleur. • Évaluer la douleur et son évolution par rapport à la prise d'antalgiques. • Apprécier les signes cliniques extérieurs (faciès, position antalgique...). • Transmissions écrites et orales.
L'appétit	• Connaître les raisons. • Lui demander ce qu'il préfère dans son régime. • Expliquer l'intérêt de ce régime. • Prendre contact avec la diététicienne pour réajuster si possible les menus. • Surveillance alimentaire et du poids.
L'anxiété	• Être à son écoute et répondre dans la mesure de ses compétences aux questions, voir avec l'infirmière ou le médecin pour les questions sur sa pathologie et ou son traitement évolution. • Se rendre disponible. • Surveiller les signes évocateurs (nervosité, pleurs, agitation, repli sur soi...), transmettre les données observées à l'équipe et voir si nécessité d'une consultation avec psychologue.
Le sommeil	• Rechercher avec lui ce qui favorise son endormissement. • Installation confortable pour la nuit, aérer la chambre. • Favoriser le calme pendant les temps de repos. • Grouper les soins et ne pas le déranger s'il dort. • S'assurer de la bonne prise de son hypnotique.

Correction : sujet n°14

Question 1 : En vous basant sur vos connaissances concernant la distance entre les personnes ou proxémie, comment expliquez-vous cette agressivité ? Comment la gérer ?

En tant qu'aide-soignant(e), les soins dispensés se font souvent dans l'espace intime du patient. La toilette est un exemple d'acte de soins où la proximité entre soignant et patient est importante. Madame H. qui a l'habitude de s'occuper d'elle a pu percevoir ce soin comme une intrusion ou une agression. Elle s'est sentie menacée et à simplement chercher à se protéger, ce qui est une réaction normale.

Il faut donc que le soignant réussisse à se faire accepter en établissant une relation mettant en avant le respect, la discrétion, l'empathie mais aussi en expliquant le soin et son intérêt.

Question 2 : Citer les premiers symptômes de déshydratation (4 réponses attendues).

- Diminution de la quantité des urines qui sont foncées.

- Sécheresse de la bouche.
- Sensation de soif.
- Absence de larmes (yeux secs).
- Manque d'énergie, sentiment de fatigue, baisse de la performance physique.
- Maux de tête.
- Vertiges lors du passage en position debout.

Pour complément : Symptômes d'une déshydratation plus avancée :

- diminution de l'élasticité de la peau ;
- yeux creux (enfoncés) et cernés ;
- faiblesse musculaire ou des crampes (déséquilibre des sels minéraux -potassium et sodium- dans les muscles) ;
- soif extrême ;
- absence de mictions (absence d'urine) ;
- disparition de la transpiration ;
- refroidissement des extrémités ;
- pouls rapide ;
- baisse de la tension artérielle ;
- irritabilité, état confusionnel, troubles de la conscience.

Question 3 : Quelles sont vos actions en tant qu'aide-soignant(e) dans la prévention du risque de déshydratation surtout en période de canicule ?

- Anticiper les besoins accrus en eau (effort, chaleur, altitude, maladie, ...) surtout chez les personnes âgées et les enfants, mais aussi chez les patients présentant de la fièvre, des diarrhées, des vomissements.
- Les hydrater régulièrement, les faire boire avant que n'apparaisse la sensation de soif au cours du repas, à chaque passage en chambre.
- Vérifier le contenu de la carafe.
- Éduquer l'entourage par rapport à l'hydratation et au suivi hydrique.
- Mettre en place un plan hydrique pour la journée en précisant le nom du patient, la date, les heures de prises, le type de boisson, la quantité absorbée.
- Leur proposer des liquides tempérés, régulièrement et par petites quantités (les boissons trop froides ou prises en grandes quantités sont moins bien assimilées par l'intestin).
- Leur faire porter des habits amples et clairs en cas de température ambiante élevée.
- Éviter autant que possible la transpiration lors de l'effort.
- Être vigilant en cas de fièvre, nausées et vomissements.

Correction : sujet n°15

Question 1 : Au regard des éléments du texte, vous rédigerez l'analyse sociale et familiale de Monsieur F.

Monsieur F. est marié, il vit avec sa femme et son fils de 14 ans. Il est en invalidité depuis 2 ans et est menuisier de formation. Il a été en convalescence en service de soins de suite de pneumologie à 400 km de son domicile et est actuellement hospitalisé au centre hospitalier dont dépend le centre pour dégradation de son état de santé. Cette hospitalisation est très mal vécue par le patient car il devait rentrer prochainement chez lui. Il a des propos négatifs et des troubles du sommeil.

Sa pathologie VIH fait qu'il est pris en charge à 100 %, il vit de l'allocation adulte handicapé, ses ressources financières restent préoccupantes car son épouse est au chômage et a un enfant à sa charge.

Question 2 : Au vu de la situation décrite, citez 3 problèmes de santé chez Monsieur F. Pour un d'entre eux, vous donnerez les éléments du texte qui les évoquent.

- Atteinte à l'intégrité de la peau : phlyctène au niveau du sacrum.
- Isolement social : famille éloignée, pas de visite ne supporte plus d'être éloigné de sa famille.
- Perturbation de la dynamique familiale : famille éloignée, pas de visite ne supporte plus d'être éloigné de sa famille.
- Perte d'espoir : « laissez-moi mourir », recroquevillé au fond de son lit, idées noires, dit souvent qu'il ne sert à rien), refuse de prendre son traitement pour le SIDA ne supporte plus d'être éloigné de sa famille.
- Perturbation du sommeil : dort peu et mal, difficultés d'endormissement (idées noires, dit souvent qu'il ne sert à rien).
- Risque de syndrome d'immobilité tient difficilement sur ses jambes, se déplace lentement en traînant des pieds.
- Infection : épisodes de diarrhées d'odeur très forte, température à 38,5°C.

Question 3 : N'ayant jamais eu à prendre en charge un patient sidéen, votre collègue aide-soignant de 60 ans est paniqué à l'idée de le prendre en charge. Son premier réflexe est de se revêtir de toutes les mesures de protection possibles afin de ne pas contracter le SIDA. Que lui dites-vous pour le rassurer ?

Si les premières prises en charge lors de la découverte du SIDA amenaient à mettre en place des précautions extrêmes chez les soignants, les progrès scientifiques et les nouveaux traitements ont permis de relativiser cette prise en charge. Les précautions d'hygiène standards concernent la manipulation des liquides biologiques (sang, urines, selles, crachats). Il convient de porter dans ces cas-là des gants à usage unique.

Il faut lui expliquer que le patient sidéen est un patient comme les autres, mais qui nécessite une prise en charge et un soutien psychologique particulier. Lors de maladies opportunistes, des précautions adaptées devront être mises en œuvre.

Chapitre 10
Questions numériques : sujets

L'épreuve comporte une question permettant d'apprécier les « connaissances numériques ». Vous trouverez ci-après ce type de question.

Sujet n°1

Correction sujet n°1 : page 141

Le directeur de la clinique où vous travaillez souhaite que le jardinier sème du gazon sur un terrain rectangulaire de 26 m sur 48 m. Il faut 3 kg de graines pour ensemencer 100 m^2.

Question : Calculez le poids de graines de gazon à acheter pour ensemencer ce terrain.

Faites apparaître vos calculs et raisonnements

Sujet n°2

Correction sujet n°2 : page 141

Dans un livre de sciences, on vous explique qu'un grain de poussière de 0,01 mm de diamètre est représenté par un disque de 2 cm de diamètre.

Question 1 : Exprimez l'échelle de cette représentation.

Faites apparaître vos calculs et raisonnements

Sujet n°3

Correction sujet n°3 : page 141

Pour vous rendre en vacances cet été, vous avez parcouru 100 km à la vitesse moyenne de 80 km/h, puis 100 km à 100 km/h. Vous prétendez que vous avez réalisé 90 km/h de moyenne pour effectuer ses 200 km.

Question : Justifiez votre affirmation.

Faites apparaître vos calculs et raisonnements

Sujet n°4

Correction sujet n°4 : page 141

Vous exercez en service de dermatologie et devez préparer 50 litres de solution de permanganate de potassium pour un bain chez un patient atteint d'une affection dermatologique.

Question 1 : Quelle masse de permanganate de potassium utiliserez-vous, sachant que vous disposez de sachets de 500 mg à diluer au 1/10000 ?

Question 2 : Calculez le nombre de sachets nécessaires pour la réalisation de cette solution.

Faites apparaître vos calculs et raisonnements

Sujet n°5

Correction sujet n°5 : page 142

Madame N., 30 ans, a accouché il y a 7 jours d'une petite Manon.

Manon pèse 4,200 kg et mesure 54 cm. Elle est nourrie avec un lait 1er âge.

Vous disposez d'une boîte de lait en poudre 1er âge de 500 grammes. Le nouveau-né prend 720 mL par 24 heures répartis en 6 biberons.

Chaque cuillère mesure de poudre contient 5 grammes à diluer dans 30 mL d'eau.

Question 1 : Calculez le volume en mL de chacun des biberons.

Question 2 : Calculez en grammes la quantité de poudre de lait utilisée par 24 heures.

Question 3 : Calculez le nombre de cuillères mesures par boite.

Faites apparaître vos calculs et raisonnements

Sujet n°6

Correction sujet n°6 : page 142

Vous accueillez ce jour Julie, âgée de 16 ans qui présente une surcharge pondérale. Elle mesure 1,62 m et pèse 83 kg.

Ce matin elle a pris au petit déjeuner : une part de brioche de 150 grammes avec :

- 20 grammes de confiture ;
- un yaourt nature sucré de 90 grammes ;
- une pomme de 60 grammes ;
- un verre de jus d'orange de 80 grammes.

Tableau :

Pour 100 g	Glucides	Protides	Lipides
Brioche	38 g	9 g	22 g
Confiture	70 g	0	0
Yaourt nature sucré	10 g	3 g	0
Pomme	19 g	1 g	0
Jus d'orange	6 g	1 g	0

Question 1 : Calculez l'Indice de Masse Corporelle (IMC).

Question 2 : Calculez les valeurs en glucides, protides et lipides (exprimées en grammes) et le total calorique de son petit déjeuner (en kilocalories).

Faites apparaître vos calculs et raisonnements

Sujet n°7

Correction sujet n°7 : page 143

Un aide-soignant doit disposer une table de chevet rectangulaire de 40 cm de large et 60 cm de large près du lit d'une patiente.
Il estime que la place disponible est de 0,5 m^2.

Question : L'aide-soignant aura-t-il la place suffisante ?

Faites apparaître vos calculs et raisonnements

Sujet n°8

Correction sujet n°8 : page 143

Pour le gouter des résidents dans l'EHPAD où vous travaillez, vous proposez un verre de citronnade. Il ne reste vous plus qu'une carafe de 1,5 l remplie au 2/3. Or, 4 personnes souhaitent un verre de citronnade.

Question : En considérant que chaque personne ait le même volume de boisson, calculer le volume de boisson en cl par verre.

Faites apparaître vos calculs et raisonnements

Sujet n°9

Correction sujet n°9 : page 143

A partir de ce soir, tous les mercredis, il y a une émission portant sur les enfants hospitalisés. Vous souhaitez les enregistrer. L'ensemble des émissions représente 15 heures. Vous disposez de deux bandes vidéo de 180 minutes et de trois bandes de 240 minutes.

Question : Sachant qu'une émission de 45 minutes est déjà enregistrée sur l'une des bandes, pouvez-vous effectuer cet enregistrement ?

Faites apparaître vos calculs et raisonnements

Sujet n°10

Correction sujet n°10 : page 144

Le Stérogyl® est présenté en flacon de 20 ml contenant 200 000 unités internationales (UI) de vitamine D.

Question : Sachant que 1 ml correspond à 50 gouttes et que l'enfant en prend 2 gouttes par jour, combien d'UI prend-t-il tous les jours ?

Faites apparaître vos calculs et raisonnements

Sujet n°11

Correction sujet n° 11 : page 144

Le prix hors taxe d'un matériel médical est de 350 euros.

Question : Calculez le prix TTC sachant que la taxe applicable est de 19,6%.

Faites apparaître vos calculs et raisonnements

Sujet n°12

Correction sujet n° 12 : page 144

Aide-soignant(e), vous utilisez une bouteille d'oxygène de 5 litres pour accompagner un patient en examen. Vous avez utilisé 500 litres d'oxygène et votre bouteille est vide.

Question : Calculez la pression de cette bouteille au départ.

Faites apparaître vos calculs et raisonnements

Sujet n°13

Correction sujet n° 13 : page 145

Deux cliniques sont distantes de 4,360 km. La route reliant les deux cliniques est bordée d'arbres de part et d'autres. Les arbres sont espacés de 15 m et le premier arbre se trouve à 200 m de la sortie de chaque clinique.

Question : Combien y a-t-il d'arbres sur la route reliant les 2 cliniques ?

Faites apparaître vos calculs et raisonnements

Sujet n°14

Correction sujet n° 14 : page 145

Jane, âgée de 7 mois, se réveille le matin vers 6 heures 45, puis dort de nouveau de 09h45 à 12h30. L'après-midi, elle fait une sieste de 14h45 à 16h30. Le soir elle s'endort vers 21h15.

Question 1 : Calculer son temps de sommeil en heures et en minutes.
Question 2 : Combien de temps reste-t-elle éveillée par jour, en heures, en minutes ?

Faites apparaître vos calculs et raisonnements

Sujet n°15

Correction sujet n° 15 : page 145

Dans la maternité où vous exercez, il y a eu au mois de février 63 naissances de bébé de sexe masculin. Ils représentent 52.5 % du nombre total des naissances.

Question : Combien de bébés de sexe féminin sont nés durant ce mois de février ?

Faites apparaître vos calculs et raisonnements

Chapitre 11
Questions numériques : corrections

Correction : sujet n°1

Question : Calculez le poids de graines de gazon à acheter pour ensemencer ce terrain.

26 x 48 = 1 248
L'aire du terrain rectangulaire est donc de 1 248 m^2.
Il faut 3 kg de graines pour 100 m^2, donc il faudra : (3 x 1 248)/100 = 37,44 kg

Il faut acheter **37,44 kg** de graines pour ensemencer le terrain.

Correction : sujet n°2

Question : Exprimez l'échelle de cette représentation.

2 cm = 20 mm

L'échelle sera : 20 / 0,01 = 2 000, donc **2000/1.**

Correction : sujet n°3

Question : Justifiez votre affirmation.

Durée pour parcourir les 100 premiers kilomètres : (100/80) soit 1,25 h.

Durée pour parcourir les 100 derniers kilomètres : (100/100) soit 1 h.

Pour 200 km, 2,25 h donc une vitesse moyenne de 200/2,25 = 88,9 km/h.

Vous avez donc raison.

Correction : sujet n°4

Question 1 : Quelle masse de permanganate de potassium utiliserez-vous, sachant que vous disposez de sachets de 500 mg à diluer au 1/10000 ?

La dilution de 1/10000 représente 1 g pour 10000 mL d'eau soit 1 g pour 10 litres d'eau.

Pour 50 litres d'eau la masse de permanganate de potassium correspond à

(1 x 50)/ 10 = 5 soit 5 g

La masse de permanganate de potassium est de 5 g.

Question 2 : Calculez le nombre de sachets nécessaires pour la réalisation de cette solution.

Chaque sachet contient 500 mg de permanganate de potassium soit 0,5 g.

Le nombre de sachets est de :
5/0,5 = 10 sachets

Le nombre de sachets sera donc de 10.

Correction : sujet n°5

Question 1 : Calculez le volume en mL de chacun des biberons.

Volume en mL de chaque biberon = volume par 24 heures/nombre de biberons par jour : donc,
720 : 6 = 120 mL.

Le volume en mL de chacun des biberons est de 120 mL.

Question 2 : Calculez en grammes la quantité de poudre de lait utilisée par 24 heures.

1 cuillère mesure représente 5 grammes et 30 mL d'eau.
5 grammes correspondent à 30 mL, donc :
X grammes correspondent à 720 mL ; d'où X = (720 x 5) : 30 = 120 grammes.

La quantité de poudre utilisée par 24 heures est de 120 grammes par 24 heures.

Question 3 : Calculez le nombre de cuillères mesures par boite.

Une boite contient 500 grammes, 1 cuillère mesure représente 5 grammes.

Elle contient donc 100 cuillères mesures.

Correction : sujet n°6

Question 1 : Calculez l'Indice de Masse Corporelle (IMC).

L'IMC est calculée selon la formule : poids/(taille)2
D'où 83 / (1,62 x 1,62) = 31,62.

Son IMC est de 31,62.

Question 2 : Calculez les valeurs en glucides, protides et lipides (exprimées en grammes) et le total calorique de son petit déjeuner (en kilocalories).

Brioche : 150 grammes

- 100 grammes apportent 38 grammes de glucides donc 150 grammes en apportent (150 x 38)/100 = 57 grammes de glucides
- 100 grammes apportent 9 grammes de protides donc 150 grammes en apportent (150 x 9)/100 = 13.5 grammes de protides
- 100 grammes apportent 22 grammes de lipides donc 150 grammes en apportent (150 x 22)/100 = 33 grammes de lipides

Confiture : 20 grammes

- 100 grammes apportent 70 grammes de glucides donc 20 grammes en apportent (20 x 70)/100 = 14 grammes de glucides
- 100 grammes apportent 0 gramme de protides
- 100 grammes apportent 0 gramme de lipides

Yaourt nature sucré : 90 grammes

- 100 grammes apportent 10 grammes de glucides donc 90 grammes en apportent (90 x 10)/100 = 9 grammes de glucides
- 100 grammes apportent 3 grammes de protides donc 90 grammes en apportent (90 x 3)/100 = 2.7 grammes de protides
- 100 grammes apportent 0 gramme de lipides

Pomme : 60 grammes

- 100 grammes apportent 19 grammes de glucides donc 60 grammes en apportent (60 x 19)/100 = 11.4 grammes de glucides
- 100 grammes apportent 1 grammes de protides donc 60 grammes en apportent (60 x 1)/100 = 0.60 grammes de protides
- 100 grammes apportent 0 gramme de lipides

Jus d'orange : 80 grammes

- 100 grammes apportent 6 grammes de glucides donc 80 grammes en apportent (80 x 6)/100 = 4.8 grammes de glucides
- 100 grammes apportent 1 grammes de protides donc 80 grammes en apportent (80 x 1)/100 = 0.80 grammes de protides
- 100 grammes apportent 0 gramme de lipides

Valeurs en glucides :

- 57 + 14 + 9 + 11.4 + 4.8 = 96.2 grammes de glucides
- La valeur en glucides du petit déjeuner est de 96.2 grammes.

Valeurs en protides :

- 13.5 + 0 + 2.7 + 0.60 + 0.80 = 17.6 grammes de protides
- La valeur en protides du petit déjeuner est de 17.6 grammes.

Valeurs en lipides :

- 33 + 0 + 0 + 0 + 0 = 33 grammes de lipides
- La valeur en lipides du petit déjeuner est de 33 grammes.

Le total calorique :

1 gramme de glucides apporte 4 Kcal d'où 96.2 x 4 = 384.8 Kcal

1 gramme de protides apporte 4 Kcal d'où 17.6 x 4 = 70.4 Kcal

1 gramme de lipides apporte 9 Kcal d'où 33 x 4 = 297 Kcal

Le petit déjeuner apporte un total calorique de : 384.8 + 70.4 + 297 = 752.2 Kcal

Correction : sujet n°7

Question : L'aide-soignant aura-t-il la place suffisante ?

Calcul de la surface au sol de la table de chevet : 40 x 60 = 2 400
La surface au sol de la table de chevet est de 2 400 cm^2.
Il faut convertir 0.5 m^2 en cm^2. La surface disponible est de 5 000 cm^2, car 0.5 m^2 équivaut à 5000 m^2.

L'aide-soignant pourra donc disposer la table de chevet car 5 000 > 2 400.

Correction : sujet n°8

Question : En considérant que chaque personne ait le même volume de boisson, calculer le volume de boisson en cL par verre.

(2/3 x 1/4) x 1,5 = 2/12 x 1,5 = 0,25
0,25 L = 25 cL

Chaque verre contiendra 25 cL.

Correction : sujet n°9

Question : Sachant qu'une émission de 45 minutes est déjà enregistrée sur l'une des bandes, pouvez-vous effectuer cet enregistrement ?

15 heures représentent 15 × 60 = 900 minutes.
Vous disposez de : (2 × 180) + (3 × 240) = 1 080 minutes.
Une émission de 45 minutes étant déjà enregistrée sur l'une des bandes, vous disposez de : 1 080 - 45 = 1 035 minutes.

Comme 1 035 > 900, vous pouvez effectuer cet enregistrement.

Correction : sujet n°10

Question : Sachant que 1 ml correspond à 50 gouttes et que l'enfant en prend 2 gouttes par jour, combien d'UI prend-t-il tous les jours ?

Le nombre d'UI :

Volume de Stérogyl® en ml : 20 ⟶ 1

Nombre d'UI : 200 000 ⟶ X

20 x X = 200 000 x 1 donc X = 200 000 /20 = 10 000

1 mL de Stérogyl® contient 10 000 UI

Le nombre d'UI dans une goutte :

Nombre d'UI : 10 000 ⟶ Y

Volume de Stérogyl® en gouttes : 50 ⟶ 1

1 mL correspond à 50 gouttes

50 x Y = 10 000 x 1 donc Y = 10 000 / 50 = 200

Une goutte de Stérogyl® contient 200 UI

Nombre d'UI pris par l'enfant par jour :

200 x 2 = 400 UI

L'enfant prend donc 400 UI par jour.

Correction : sujet n°11

Question : Calculez le prix TTC sachant que la taxe applicable est de 19,6 %.

(350 x 19.6)/100 = 68,60

350 + 68,60 = 418,60

Ou

((100 + 19.6)/100) x 350 = (119.6/100) x 350 = 418,60

Le prix TTC est de 418,60 euros.

Correction : sujet n°12

Question : Calculez la pression de cette bouteille au départ.

On recherche une pression Y en bars.

La loi de Mariotte précise : 5 x Y = 500 x 1 ou Y = 500 / 5 = 100 Bars.

Pour rappel

La loi de Boyle-Mariotte concerne le comportement de la pression et du volume d'un gaz réel à température constante. Elle stipule que le produit du volume V d'un gaz par sa pression P à une température fixée est une constante, ce qui peut s'exprimer pour deux volumes de gaz sous des pressions différentes, à la même température, par l'équation suivante :

$$P_1V_1 = P_2V_2$$

Correction : sujet n°13

Question : Combien y a-t-il d'arbres sur la route reliant les 2 cliniques ?

4,360 km = 4360 m

Distance entre les 2 arbres extrêmes (en m) : 4360 - (200 x 2) = 4360 - 400 = 3960.

Nombres d'intervalles de 15 m : (3960 /15) = 264.

Il y aura 264 + 1 = 265 arbres de chaque côté de la route donc 265 x 2 = **530 arbres en tout.**

Correction : sujet n°14

Question 1 : Calculer son temps de sommeil en heures et en minutes.

Le matin elle dort de 0 h à 6h45 soit 6h45, puis de 09h45 à 12h30 soit 2h45

L'après-midi, elle dort de 14h45 à 16h30, soit 1h45.

Le soir, elle dort de 21h15 à 24h00 soit 2h45

Donc sur une journée, cela fait :

6h45 + 2h45 + 1h45 + 2h45 = 14 heures

14h00 = (14 x 60) = 840 minutes

Jane dort 14h00 soit 840 minutes.

Question 2 : Combien de temps reste-t-elle éveillée par jour, en heures, en minutes ?

24h00 - 14h00 = 6h00

6h00 = (6 x 60) = 360 minutes

Jane reste éveillée 6 heures ou 360 minutes par jour.

Correction : sujet n°15

Question : Combien de bébés de sexe féminin sont nés durant ce mois de février ?

52.5 x Z = 63 x 100

D'où Z = (63 x 100)/ 52.5 = 120

Il y a eu 120 naissances de bébés au mois de février.

120 - 63 = 57

Durant ce mois de février, il a eu naissance de 57 bébés de sexe féminin.

Partie 5

Mise en situation : concours blancs

Chapitre 12
Concours blancs : sujets

Concours blanc n°1 : sujets

	Temps conseillé	Points attribués
Sujet n°1	50 minutes	12/30
Sujet n°2	50 minutes	10/30
Sujet n°3	20 minutes	08/30
Total	**2 heures**	**30/30**

Correction concours blanc n°1 : page 169

Sujet n°1 • Question : analyse et synthèse de situation

Monsieur T. est hospitalisé ce jour en service de chirurgie vasculaire pour altération de l'état général et une escarre talonnière droite douloureuse sur ostéite de la base du calcanéum. Il présente également une escarre au sacrum.

Âgé de 90 ans, il vit avec son épouse valide dans un pavillon individuel. Leurs 2 enfants qui sont à la retraite vivent proche d'eux et viennent tous les jours leur rendre visite. Ils participent aux activités de la vie quotidienne (ménage, courses, repas).

Grabataire, un lit médicalisé a été mis en place et un infirmier passe 2 fois par jour pour effectuer les soins d'hygiène.

Ses antécédents sont :

- coxarthrose bilatérale invalidante ;
- plusieurs accidents ischémiques transitoires ;
- diabète non insulino-dépendant ;
- artérite des membres inférieurs stade III ;
- démence d'origine vasculaire.

Suite à la visite du médecin et aux différents examens d'investigation :

- une amputation est envisagée au niveau du talon ;
- un prélèvement bactériologique révèle la présence du germe pyocyanique ;
- l'escarre sacrée est traitée par pansement hydrocolloide.

Son traitement médicamenteux consiste en :

- insuline 2 fois par jour ;
- vasodilatateur ;
- antibiotiques ;
- antalgique de pallier 2 ;
- héparine de bas poids moléculaire en SC 1 fois par jour ;
- hydratation en intraveineux de Glucosé 5 % avec électrolytes.

Lors du recueil de données les informations suivantes ont été notifiées :

- Alimentation :
  - autonome ;
  - ne s'alimente peu depuis 10 jours ;
  - boit uniquement si on lui donne ;
  - pli cutané.
- Élimination :
  - incontinent urinaire et fécal ;
  - absence de selles depuis 4 jours.
- Mobilisation :
  - alité toute la journée ;
  - douleurs lors des mobilisations, grimaces et gémissements ;
  - latéralisation toutes les 4 heures.
- Hygiène :
  - aide à la toilette ;
  - participation peu active.
- Au niveau cognitif :
  - désorientation temporo-spatiale ;
  - troubles de la mémoire.

Question 1 : Citez 3 facteurs à l'origine de l'évolution rapide de l'escarre talonnière.

Question 2 : L'équipe soignante a identifié 3 problèmes de santé majeurs : douleur, déshydratation, constipation. Recherchez pour chacun d'eux les facteurs à l'origine de ce problème et énoncez les signes.

Proposez pour chacun des problèmes des actions adaptées relevant de votre niveau de compétences.

Sujet n°2 • Question : analyse et synthèse de situation

Vous prenez en charge Monsieur F. atteint de la maladie d'Alzheimer. Ses capacités de communiquer sont altérées, mais il cherche toujours à communiquer avec son entourage.

Question : Comment pouvez-vous faciliter la communication avec ce patient ?

Sujet n°3 • Question : numérique

Thibaut a un régime anti-diarrhéique. Le pédiatre a prescrit un biberon de 240 mL dans lequel il y a :

- 1/5 de lait ;
- 4/5 de soupe de carottes.

Question : Calculer les différentes quantités de lait et de soupes de carottes.

Concours blanc n°2 : sujets

	Temps conseillé	Points attribués
Sujet n°1	50 minutes	12/30
Sujet n°2	50 minutes	10/30
Sujet n°3	20 minutes	08/30
Total	**2 heures**	**30/30**

Correction concours blanc n°2 : page 172

Sujet n°1 • Question : analyse et synthèse de situation

Vous êtes aide-soignant(e) en service de cardiologie et avez en charge Madame B. 80 ans, entrée il y a une semaine pour suspicion de phlébite de la jambe gauche.

Elle est d'origine italienne et parle difficilement le français. Elle communique peu avec le personnel et semble parfois ne pas comprendre ce qu'on attend d'elle. Elle a une fille unique qu'elle ne voit plus depuis des années. Mais son petit fils de 25 ans passe la voir tous les soirs après son travail. Il est très proche d'elle et ils ont de longues discussions en italien.

Elle mesure 1 m 55 pour 90 kg. Elle se mobilise peu et difficilement du fait de douleurs articulaires multiples. Elle est très fatiguée. Elle mange peu, car n'apprécie pas les repas servis.

Un repos strict au lit a été prescrit à son entrée dans le service. Aujourd'hui, le médecin autorise le lever au fauteuil après la mise en place de bas de contention.

Vous devez effectuer sa toilette ce matin.

Question 1 : Au regard des éléments du texte, citez et justifiez les besoins perturbés de Madame B en vous basant sur les éléments de dépendance.
Question 2 : Proposez pour chacun d'eux 4 actions pertinentes en regard de la situation.
Question 3 : Citez 4 critères de qualité pour la réalisation de la toilette de Madame B.

Sujet n°2 • Question : analyse et synthèse de situation

Mme A. 30 ans est hospitalisée et opérée en urgences dans le service pour une hystérectomie totale. Elle est très fatiguée et souffre beaucoup. Elle a un traitement antalgique mais son EVA reste encore élevée. Elle a des saignements vaginaux importants les jours suivants l'intervention.
Vous encadrez une étudiante AS, qui vous révèle avant d'aller faire la toilette qu'elle habite le même immeuble que la patiente.
Pendant le soin et notamment lors de la toilette intime, l'étudiante reste fixement en face de la patiente, appuyée contre le mur, les bras croisés et observe scrupuleusement vos gestes.
Mme A. ne dit rien, mais elle semble mal à l'aise et avoir du mal à supporter cette situation.

Question : En vous appuyant sur vos connaissances et votre expérience, expliquez les raisons à l'origine du mal être de Mme A.

Sujet n°3 • Question : numérique

Vous assistez à l'irrigation vaginale d'une patiente réalisée par l'infirmière du service.
Elle doit préparer 80 cL de solution à base d'eau stérile et de Bétadine® gynécologique pour réaliser cette irrigation. Elle réalise une dilution au 1/25. Les flacons de Bétadine® se présentent sous forme de flacon de 125 mL.

Expliquer le raisonnement mis en œuvre par l'infirmière afin de déterminer :

Question 1 : Quel est le volume de Bétadine® gynécologique nécessaire à la préparation de cette solution ?

Question 2 : Quel est le volume d'eau stérile à utiliser ?

80 cl ⇒ eau + Béta = 800 ml.

Dilution 1/25

1 ml → 25 ml.

x → 800 ml

$800 \times 1 = 25 \times x$

$x = \frac{800}{25} = 32$ ml de Béta

800 | 25
75 | 32
50

800 − 32 = 768 ml.

800
− 32
768

Concours blanc n°3 : sujets

	Temps conseillé	Points attribués
Sujet n°1	50 minutes	12/30
Sujet n°2	50 minutes	10/30
Sujet n°3	20 minutes	08/30
Total	**2 heures**	**30/30**

Correction concours blanc n°3 : page 175

Sujet n°1 • Question : analyse et synthèse de situation

Vous exercez en tant qu'aide-soignant dans un service de rééducation fonctionnelle. Vous travaillez du matin et avez en charge Sophie, 8 ans.

En 2010, à la suite d'un accident de voiture, Sophie a subi un traumatisme cranio-cervical, pour lequel elle a été hospitalisée en neurochirurgie. Aujourd'hui, Sophie mesure 20 kg pour 1 m 20. Elle est en coma stade 2, aphasique et quadriplégique. Elle ventile spontanément mais présente un encombrement bronchique nécessitant l'intervention d'un kinésithérapeute 3 fois par semaine pour la faire expectorer.

De plus, elle est incontinente urinaire et porteuse d'une sonde vésicale à demeure, elle présente aussi une incontinence fécale.

Elle a des rétractions tendineuses. Elle est allongée sur un matelas cliniplot, passe l'après-midi dans le fauteuil roulant, avec des attelles anti-équinisme en prévention.
En ce qui concerne son alimentation, elle est effectuée par nutripompe sur sonde de gastrostomie. (1,5 litre de Nutrigil par 24 heures en 3 prises)

Elle a l'habitude de faire la sieste de 13 heures à 14 heures et s'endort en musique avec son singe en peluche.
Elle ne peut pas communiquer ses émotions mais elle réagit à la douleur en grimaçant.

Son traitement actuel est :
- un phénobarbital ;
- un laxatif.

Le pronostic médical au niveau neurologique reste sombre sans possibilité de récupération.

Question : Identifiez les problèmes réels et/ou potentiels de Sophie en les justifiant, ainsi que les actions à mettre en œuvre. Présentez votre réponse sous forme d'un tableau.

Sujet n°2 • Question : analyse et synthèse de situation

Auxiliaire de puériculture, vous exercez en crèche depuis quelques années. De retour de vacances, vous prenez votre poste ce matin et apprenez de votre collègue le décès de Sacha, 4 mois, il y a 2 jours au sein de la structure. Elle vous rapporte que l'enfant a été retrouvé par la puéricultrice, immobile dans son berceau, bleu, inerte et ne respirant plus. Des gestes de sauvetage ont été mis en place dès la découverte mais n'ont pas permis la reprise de la respiration. Plusieurs examens complémentaires ont été effectués et se sont avérés normaux. Sacha est décédé de la mort subite du nourrisson (MSN).

Question : Ce décès a entraîné au sein de la structure un malaise général. Aujourd'hui, vous encadrez une stagiaire aide-soignante qui verbalise une grande inquiétude face à une telle situation. Peut-on prévenir ce risque ? Que pouvez-vous lui dire ?

Sujet n°3 • Question : numérique

Monsieur G. présente une maladie de Parkinson très évoluée. Des troubles de la déglutition ont nécessité la pose d'une GPE (gastrostomie endoscopique percutanée). Il reçoit par jour 1 poche de 500 ml toutes les 6 heures. Chaque poche lui apporte 550 kcal avec 25 % de protéines, 55 % de glucides et 20 % de lipides.

Question : Calculez chez ce patient en grammes la quantité de protides, glucides et lipides apportées par l'alimentation sur 24 heures.

Concours blanc n°4 : sujets

	Temps conseillé	Points attribués
Sujet n°1	50 minutes	12/30
Sujet n°2	50 minutes	10/30
Sujet n°3	20 minutes	08/30
Total	**2 heures**	**30/30**

Correction concours blanc n°4 : page 179

Sujet n°1 • Question : analyse et synthèse de situation

Monsieur Y, 45 ans, technicien de laboratoire dans l'industrie pharmaceutique, consulte aux urgences pour des crises d'asthme récidivantes depuis 6 jours. À l'interrogatoire, on retrouve l'existence d'un asthme ancien, ayant débuté dans l'enfance. Le patient est fumeur depuis de nombreuses années. Le traitement de fond comporte une corticothérapie inhalée, interrompue sans avis médical par le patient trois semaines auparavant, et un bêta-2-sympathicomimétique de longue durée d'action, régulièrement pris.
Monsieur Y, arrive dans le service de pneumologie où vous exercez en tant qu'aide-soignant(e).

Question 1 : Expliquer succinctement la physiopathologie d'une crise d'asthme.

Question 2 : Quels vont être les grands axes de votre prise en charge les premiers jours ?

Question 3 : Sur quels éléments va porter la démarche éducative auprès de ce patient ?

Question 4 : Monsieur Y. fait une crise d'asthme à J4.
Quelle(s) surveillance(s) mettez-vous en place au moment de la crise ?

Question 5 : L'infirmière met en place sur prescription un aérosol à base de Bricanyl® et d'Atrovent®. Quel est l'intérêt de mettre en place cet aérosol ?

Sujet n°2 • Question : analyse et synthèse de situation

Aide-soignant(e) en EHPAD, vous travaillez ce matin avec Madame F., elle-aussi aide-soignante. Vous êtes amis sur Facebook et hier, elle a publié le message suivant :

- "Aujourd'hui je vais effectuer 10 toilettes j'en ai plus que marre de cette maison de retraite"

Question : Que pensez-vous de cette remarque ?

Sujet n°3 • Question : numérique

Une personne physiologiquement normale inspire une fois toutes les 4 secondes. A chaque inspiration, 500 millilitres d'air pénètrent dans les poumons de cette personne. Le volume d'air d'une salle de cours est de 20 000 litres. Le cours a une durée de deux heures.

Question 1 : Combien d'inspirations cette personne va-t-elle réaliser en 1 minute ?

Question 2 : Combien de personnes peuvent assister à ce cours avant que la pièce ne nécessite d'être aérée pour renouveler l'air ?

Concours blanc n°5 : sujets

	Temps conseillé	Points attribués
Sujet n°1	50 minutes	12/30
Sujet n°2	50 minutes	10/30
Sujet n°3	20 minutes	08/30
Total	**2 heures**	**30/30**

Correction concours blanc n°5 : page 181

Sujet n°1 • Question : analyse et synthèse de situation

Vous prenez en charge Madame R., 82 ans, mariée vivant en maison individuelle. Ses 4 enfants vivent à proximité d'elle. Ce sont eux qui ont insisté pour que leur mère soit hospitalisée devant la dégradation de son état général.

Madame R. est grabataire depuis quelques années. Une infirmière passe 2 fois par jour pour l'aider pour ses soins d'hygiène. Elle a un lit médicalisé. Le déjeuner est livré par un service de repas à domicile. Pour le reste ce sont ses enfants qui participent aux activités de la vie quotidienne. Elle parle uniquement un patois local.

Antécédents :
- plusieurs accidents ischémiques transitoires ;
- une démence d'origine vasculaire ;
- un diabète non insulinodépendant traité par des antidiabétiques oraux ;
- une artérite des membres inférieurs.

À son entrée, elle présente des escarres de décubitus au talon droit et au niveau du sacrum (stade II). Au niveau de l'escarre talonnière droite, il y a une ostéite avec des douleurs importantes.
Le prélèvement effectué à domicile montre la présence de pyocyanique. Suite aux résultats du doppler, le médecin est inquiet et envisage une amputation.

Les traitements sont :
- de l'insuline en sous cutanée matin et soir avec surveillance glycémique 3 fois par jour ;
- un vasodilatateur ;
- des antibiotiques ;
- antalgique à base de morphine ;
- antalgique ;
- héparine de bas poids moléculaire ;
- un pansement hydrocolloïde sur l'escarre sacrée.

En discutant avec sa famille vous apprenez que Madame R. mange seule, mais que depuis une semaine elle ne mangeait quasiment plus. Elle possède une prothèse dentaire complète. Elle boit uniquement que ce qu'on lui propose. En regardant sa peau, vous constatez qu'elle présente un pli cutané. Elle est incontinente urinaire et il semblerait que depuis 4 jours elle n'a pas eu de selles.

Elle reste alitée toute la journée depuis 2 semaines et présente des douleurs importantes à type de gémissements et grimaces lorsqu'on la mobilise. Elle est désorientée et son jugement est altéré. Elle ne participe plus à sa toilette. Ses enfants sont très inquiets.

Question 1 : Expliquez le mécanisme physiopathologique de la constitution et de l'évolution de l'escarre sacrée de Madame R (stade 2).

Question 2 : Citez au regard de la situation 3 facteurs expliquant l'évolution rapide de l'escarre talonnière droite.

Question 3 : Les problèmes de santé suivants ont été mis en avant :
- douleur ;
- déshydratation ;
- constipation ;
- risque d'hypoglycémie.

Recherchez dans le texte les facteurs à l'origine de ces problèmes et citez les signes.

Au regard de chacun de ces problèmes, citez les actions à mettre en œuvre relevant de votre domaine de compétence.

Présentez la réponse sous forme d'un tableau.

Sujet n°2 • Question : analyse et synthèse de situation

Aide-soignant(e) en service de chirurgie, vous recevez en stage d'observation Mademoiselle G. Elle souhaite présenter le concours aide-soignant le mois prochain et compte sur vous pour lui permettre de découvrir les aspects pratiques de votre métier.

Question 1 : Vous vous apprêtez à effectuer l'aide à la toilette de Madame O. et vous effectuez un lavage de mains dans la salle de soins. Vous demandez à Mademoiselle G. de faire de même, en lui expliquant les différentes étapes. Vous lui précisez que c'est une règle de base en matière d'hygiène et l'un des meilleurs moyens d'éviter les infections nosocomiales. La stagiaire vous demande de lui expliquer ce terme qu'elle ne connaît pas.

Question 2 : Mettre dans l'ordre les 6 étapes de la friction hydroalcoolique en reportant le numéro sur la copie.

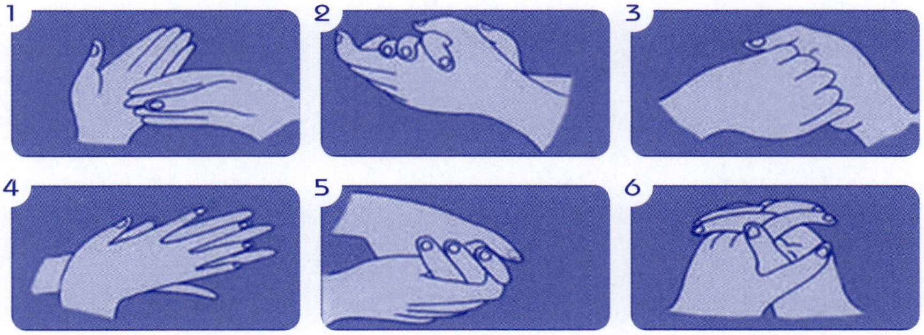

Question 3 : La stagiaire porte la tenue avec laquelle elle est arrivée dans le service. Vous lui demandez de vous accompagner afin qu'elle puisse se changer. Elle porte notamment des manches longues. Elle ne souhaite pas le faire vous assurant que sa tenue est propre. Que lui répondez-vous ?

Sujet n°3 • Question : numérique

Le médecin a prescrit un traitement antibiotique. Le pharmacien vous remet une boite contenant 20 gélules. Votre traitement est préconisé pour 7 jours à raison de 2 gélules matin et soir par jour. La boite coûte 26 euros.

Question 1 : Quel est le prix de revient d'une gélule ?

Question 2 : Vous devez régler cet achat. La Sécurité sociale vous rembourse 65 % de cette somme, le reste sera pris en charge par votre mutuelle.
Quel est le montant remboursé par la Sécurité sociale ?

Question 3 : Quelle somme sera remboursée par votre mutuelle ?

Question 4 : Aurez-vous assez de gélules avec une boite pour aller au bout de votre traitement ?

Concours blanc n°6 : sujets

	Temps conseillé	Points attribués
Sujet n°1	50 minutes	12/30
Sujet n°2	50 minutes	10/30
Sujet n°3	20 minutes	08/30
Total	**2 heures**	**30/30**

Correction concours blanc n°6 : page 184

Sujet n°1 • Question : analyse et synthèse de situation

Aide-soignant(e) en service de pneumologie, vous travaillez ce matin et accueillez Madame E. 60 ans. Elle entre pour décompensation d'une insuffisance respiratoire chronique suite à une pneumopathie. Madame E. est dyspnéique, elle devient rapidement polypnéique lorsqu'elle essaie de parler et de se mobiliser. Elle présente une hyperthermie à 39° C, avec pâleur et sueurs. Elle exprime physiquement une grande angoisse. Elle est originaire d'une autre région et réside depuis peu ici. Elle vit seule et n'a pas d'enfant.

Les examens réalisés confirment le diagnostic de pneumopathie basale à droite.

Le traitement est mis en place immédiatement :

- Oxygénothérapie en continu par sonde nasale à 2 litre par minute ;
- Antibiothérapie ;
- Corticothérapie ;
- Héparine de bas poids moléculaire en sous cutané le soir ;
- Aérosol matin et soir avec un fluidifiant bronchique et un corticoïde.

Dès le milieu de la matinée Mme E. se sent mieux, elle respire plus aisément, a pris quelques couleurs et n'a plus aucune sueur. Elle reste cependant fatiguée.

Question 1 : Citez les complications possibles d'un traitement par corticoïdes à long terme. Précisez les règles hygiéno-diététiques à respecter.

Question 2 : Mme E. a pour antécédent une polyarthrite rhumatoïde. Citez 4 signes cliniques caractéristiques de cette maladie ?

Question 3 : Énoncez les problèmes de santé à son arrivée et les actions que vous mettez en place dans la matinée. Présentez votre réponse sous forme d'un tableau.

Sujet n°2 • Question : analyse et synthèse de situation

Vous travaillez dans un service de soins généraux en tant qu'aide-soignant(e). Vous avez en charge Madame C. Elle est hospitalisée pour un ulcère variqueux au niveau de la jambe droite. La patiente présente une surcharge pondérale et nécessite une aide à la toilette. Vous demandez de l'aide à une collègue aide-soignante, afin d'améliorer le confort du soin pour la patiente. Devant le manque de participation de Mme C. malgré vos sollicitations, la toilette s'avère longue et épuisante. En sortant de la chambre, votre collègue exprime son mécontentement : « non mais, tu as vu, elle le fait exprès. Elle ne fait aucun effort pour nous aider. Au contraire... Ce n'est pas la peine de me demander de t'aider la prochaine fois. »

Question : Que pensez vous de l'attitude de votre collègue ? Argumentez.

Sujet n°3 • Question : numérique

Ce matin, vous relevez le volume liquidien absorbé au cours des dernières 24 heures par Mme L., 80 ans :

- 250 mL de café ;
- 0,05 litre d'eau additionnée de sirop ;
- 3 verres d'eau de 1 dl chacun ;
- 20 cm^3 de café ;
- 1 verre d'eau de 10 cL ;
- 0,15 litre de tisane.

Question : Quel volume, en litre, Mme L. a-t-elle bu ?

Concours blanc n°7 : sujets

	Temps conseillé	Points attribués
Sujet n°1	60 minutes	12/30
Sujet n°2	40 minutes	10/30
Sujet n°3	20 minutes	08/30
Total	**2 heures**	**30/30**

Correction concours blanc n°7 : page 186

Sujet n°1 • Question : analyse et synthèse de situation

Monsieur M. 50 ans, sans profession est entré dans le service d'hépato-gastro-entérolgie pour un épanchement d'ascite sur terrain éthylo tabagique. Il est célibataire et vit seul chez lui. Il n'a pas de mutuelle et une demande de prise en charge est actuellement en cours.

Monsieur M. a commencé à boire lors du décès de sa mère il y a 15 ans.

À son entrée dans le service, il présente :

- une augmentation du volume de l'abdomen depuis environ 1 mois ;
- une dyspnée au moindre effort mais qui disparaît au repos ;
- des œdèmes des membres inférieurs.

Le jour même le médecin réalise une ponction d'ascite (4 litres) et prescrit :

- un repos au lit ;
- une restriction hydrique de 500 mL (toute boisson comprise) ;
- un régime sans sel et sans alcool.

Concernant ses besoins fondamentaux, il est dépendant pour :

- être propre soigné, protéger ses téguments : il a une hygiène négligée depuis des années, présente des croûtes sur le cuir chevelu et au niveau des jambes ainsi que des rougeurs et irritations au niveau des plis inguinaux ;
- respirer : toux avec expectorations grasses et abondantes depuis 2 jours ;
- se mouvoir, maintenir une bonne posture : le médecin autorise à ce qu'il soit levé uniquement pour sa toilette et pour aller aux toilettes ;
- dormir, se reposer : il dort peu surtout depuis 2 mois ;
- éviter les dangers : il est très inquiet car il a peur de mourir, il ne « se sent pas prêt » ;
- agir selon ses croyances et ses valeurs : il dit avoir beaucoup vieilli, ne se sent plus utile à rien ;
- boire et manger : il mange peu et a peu d'appétit.

Question 1 : À partir des besoins perturbés et des éléments du texte, dégagez les problèmes de santé.

Question 2 : Proposez 3 actions pour chacun de ces problèmes de santé.

Sujet n°2 • Question : analyse et synthèse de situation

Vous travaillez en tant qu'aide-soignant(e) en service d'urologie. Vous prenez en charge Monsieur F., 50 ans, marié, père de 2 enfants de 22 ans et 24 ans. C'est un patient connu du service et avec qui vous avez toujours eu de bons contacts. Il travaille dans une grande surface comme chef de rayon, secteur aménagement de la maison. Il souffre d'insuffisance rénale depuis 10 ans. Depuis 3 mois, son affection rénale s'est dégradée malgré un régime alimentaire strict et consciencieusement suivi par le patient.

Devant les résultats, le médecin a prévenu le patient de la nécessité de mettre en place des séances d'hémodialyse 3 fois par semaine d'une durée de 4 heures. Le patient devra être hospitalisé dans 3 semaines pour créer une fistule artério-veineuse au niveau de l'avant-bras gauche.

Le patient est très contrarié par cette annonce car jusqu'à maintenant, il menait une vie active. Il a beaucoup d'occupations. Il a compris le caractère définitif et répétitif du traitement mais n'accepte pas les nombreuses contraintes.

Lors de la distribution du repas, Monsieur F., renverse le plateau repas que vous venez de poser et laisse exploser sa colère et sa contrariété. Il a des gestes brusques, parle fort, vous injurie et devient menaçant. Au bout de quelques minutes, il vous hurle de sortir.

Question : Expliquer comment vous allez gérer cette agressivité en tant que soignant(e).

Sujet n°3 • Question : numérique

Un sirop contre la toux a été prescrit à un résident de 86 ans atteint de bronchite. L'infirmière a laissé traîner par inadvertance le flacon de sirop de 250 mL sur la table de chevet. De retour dans la chambre, elle s'aperçoit qu'il reste 20 % du volume total du flacon. Inquiète, elle téléphone aux urgences qui lui demandent quelle quantité le résident a bu.

Question : Calculer la quantité de sirop que le résident a ingurgité ?

250 ml . x

100 ml . -80 ml = 80 ml

$\frac{250 \times 20}{100}$ $\frac{2000}{10}$ = 200 ml.

Concours blanc n°8 : sujets

	Temps conseillé	Points attribués
Sujet n°1	50 minutes	12/30
Sujet n°2	50 minutes	10/30
Sujet n°3	20 minutes	08/30
Total	**2 heures**	**30/30**

Correction concours blanc n°8 : page 188

Sujet n°1 • Question : analyse et synthèse de situation

Vous travaillez dans un service de chirurgie en tant qu'aide-soignant(e). Vous avez en charge Mademoiselle C., 24 ans célibataire. Elle est hospitalisée depuis 15 jours pour un grave polytraumatisme consécutif à un accident de la voie publique.

Mademoiselle C. habite en appartement et exerce la profession d'hôtesse de caisse dans une grande surface.

Elle est dépressive depuis 5 ans et bénéficie d'une prise en charge psychiatrique régulière.

Dans ses antécédents, on note une tentative de suicide par intoxication médicamenteuse, il y a 4 ans. Elle a dû être hospitalisée 3 mois en milieu psychiatrique. Elle est en arrêt de travail depuis cette date.

À son entrée dans le service, elle présentait :

- une fracture sans déplacement du poignet droit ;
- une fracture ouverte du fémur droit ;
- une fracture du tibia droit.

Elle a été opérée le jour même de son arrivée dans le service. Les différentes fractures ont été réduites sous anesthésie générale. Seule la fracture du poignet droit a été plâtrée, les autres ont été synthétisées chirurgicalement.

Les suites opératoires sont simples. Le traitement psychiatrique interrompu à cause de l'anesthésie générale a été reprise dès le lendemain de l'intervention.

Mademoiselle C. a présenté un épisode de fièvre à 39,5°C au 7e jour d'hospitalisation, accompagné de brûlures mictionnelles. Un ECBU a été pratiqué mettant en évidence une infection urinaire, (il révélera quelques jours plus tard la présence d'un Escherichia coli) et un traitement par antibiotique a été mis en place.

Au 8e jour d'hospitalisation, Mademoiselle C. a été levée au fauteuil, avec installation de son membre inférieur droit.

Mademoiselle C. communique peu avec l'équipe soignante. Elle ne reçoit aucune visite. Elle se dit très fatiguée et prend difficilement en charge ses soins d'hygiène.

Au 9e jour d'hospitalisation, l'infirmière constate que le mollet droit de Mademoiselle C. est gonflé et rouge. Elle présente une légère fébricule à 37,8°C, une pression artérielle à 110/70 mm Hg et un pouls à 96 battements par minute.

L'écho doppler des membres inférieurs révèle une phlébite de la veine poplitée droite. Le traitement anticoagulant est alors modifié. Un repos strict au lit est prescrit.

Vous travaillez en poste du matin. Les transmissions de l'équipe de nuit sont :

- la patiente n'a pas dormi de la nuit, elle est très anxieuse car comme elle est en repos strict au lit, elle craint devoir prolonger son hospitalisation.

Les prescriptions de ce jour sont :

- maintien du repos strict au lit avec surveillance des signes cliniques de la phlébite ;
- bandelette urinaire tous les jours ;
- traitement par anticoagulant pour sa phlébite ;
- traitement antibiotique pour son infection urinaire ;
- traitement antalgique ;
- traitement de la dépression ;
- surveillance de l'état psychique de la patiente ;
- pansements plaies opératoires à refaire aujourd'hui et ensuite toutes les 48 heures.

Question : Après avoir dégagé les problèmes de santé présentés par Madame C. ce jour, indiquez 5 actions à mettre en œuvre pour y répondre.

Sujet n°2 • Question : analyse et synthèse de situation

Aide-soignant(e) en service de médecine générale, vous accueillez ce jour Madame H., 34 ans, transfert des urgences. Elle a été amenée par les pompiers ce matin pour hypothermie sévère. Une vague de froid sévit sur votre région depuis une semaine, Madame H., SDF, n'a pas souhaité se rendre dans un centre d'hébergement d'urgence.

A son arrivée dans le service, ses mouvements sont encore lents, ses extrémités gonflées et cyanosées, elle est encore obnubilée. Elle est porteuse d'une voie veineuse périphérique, et reçoit de l'oxygène à l'aide de lunettes nasales. Différents examens ont été pratiqués et nous sommes en attente des résultats.

Question 1 : Définissez l'hypothermie.

Question 2 : Citez 6 actions à mettre en place pour éviter une hypothermie.

Question 3 : Présentez les 3 niveaux du « plan grand froid ».

Sujet n°3 • Question : numérique

Étudiant(e) en soins infirmiers, votre salle de classe mesure 8,2 mètres de longueur sur 5,7 mètres de largeur. La hauteur est de 3,5 mètres.

Question 1 : Quel est le volume de la salle de classe ?

Question 2 : Quel est l'équivalent en volume de dioxygène de cette salle, si l'on admet que l'air contient 21 % de dioxygène en volume ?

Question 3 : Vous êtes en cours d'anatomie-physiologie avec Mme H. Votre classe compte 27 élèves. Quel est le volume d'air disponible par personne, en mètres cubes ?

Question 4 : Et en hectolitres ?

Concours blanc n°9 : sujets

	Temps conseillé	Points attribués
Sujet n°1	50 minutes	12/30
Sujet n°2	50 minutes	10/30
Sujet n°3	20 minutes	08/30
Total	**2 heures**	**30/30**

Correction concours blanc n°9 : page 192

Sujet n°1 • Question : analyse et synthèse de situation

Vous prenez en charge Monsieur A., âgé de 50 ans, marié, 2 enfants et qui est agent d'entretien dans une usine. Il est entré aujourd'hui pour cure d'une volumineuse éventration secondaire à un traumatisme abdominal survenu il y a 3 ans.

Il mesure 1 m 60 et pèse 60 kg.

L'intervention chirurgicale sous anesthésie générale est programmée pour demain et a pour but de mettre en place une prothèse pariétale large.

Ses antécédents sont :

En 1990 : une hospitalisation de plusieurs mois en service de psychiatrie suite à une tentative de suicide par prise médicamenteuse. Un diagnostic de psychose maniaco-dépressive a alors été posé. Depuis sa sortie, il est suivi régulièrement par un psychiatre qui lui a prescrit un traitement.

En mai 2002 : il y a eu dégradation de son état de santé avec :
- des troubles du sommeil avec réveil précoce ;
- un désintérêt total pour la nourriture ;
- une mimique figée et douloureuse ;
- de plus, sur son lieu de travail, cela ne se passait pas bien avec son employeur. Il a alors voulu se suicider en faisant exploser sa maison. Il s'en est sorti. Mais, il a eu de nombreuses plaies de l'intestin grêle et du sigmoïde, la destruction complète de la paroi abdominale, un éclatement du testicule droit. Il a dû subir de nombreuses interventions. Il n'y a pas eu de conséquences sur son transit et il peut s'alimenter normalement.

En vous entretenant avec son épouse, vous apprenez les informations suivantes :
- il ne travaille plus depuis la dernière hospitalisation et perçoit une allocation adulte handicapé ;
- le décès par suicide de son frère de 28 ans, il y a 6 mois ;
- une intoxication tabagique : 2 paquets par jour, depuis 25 ans.

Monsieur A. parle peu, il semble subir cette hospitalisation.
Le jour de son admission, un protocole de préparation spécifique est mis en place :
- prescription d'un régime sans résidus ;
- visite du psychiatre pour apprécier l'état psychique et indiquer le schéma thérapeutique à suivre.

Il ressort de cette dernière visite qu'il n'y a pas de contre-indication à l'intervention, mais qu'il va falloir surveiller étroitement les troubles de l'humeur et du comportement. Le dosage du traitement est demandé, ainsi que l'arrêt de celui-ci pour demain. Il devra être repris dès qu'il pourra à nouveau boire. Il sera revu dans une semaine.

Un bilan préopératoire est réalisé et il est prévu :
- la visite du médecin anesthésiste ;
- l'administration d'un sachet de préparation colique le matin dans un peu d'eau ;
- un lavement évacuateur de 2 litres en fin de journée ;
- le rasage et la préparation cutanée pour l'intervention.

Question : L'analyse de situation faite par l'équipe soignante permet de dégager les axes suivants :
- nécessité de prendre en compte les antécédents psychiatriques ;
- nécessité de mettre en place une surveillance étroite sur le plan clinique et psychiatrique ;
- nécessité de tenir compte du comportement actuel du patient : parle peu, il semble subir cette hospitalisation ;
- nécessite de prendre en compte le contexte social, familial et professionnel : ne travaille pas, suicide du frère, adulte handicapé...

Au vue de la situation de ce patient, expliquez la prise en charge relevant de votre domaine de compétence :
- à court terme ;
- à moyen terme ;
- à long terme.

Sujet n°2 • Question : analyse et synthèse de situation

Lors d'une hospitalisation, chaque patient doit désigner une personne de confiance.

Question : Expliquez ce qu'est la personne de confiance.

Sujet n°3 • Question : numérique

Vous devez réaliser une solution de permanganate de potassium diluée à 5 pour 10 000. Vous disposez d'une cuvette de 2 litres et de comprimés de permanganate de potassium dosés à 0,25 g de produit actif par comprimé.

Question : Quel est le nombre de comprimés nécessaire pour la réalisation de cette solution ?

5g → 10 000 ml 2 l
2 l 1cp => 0,25g
x → 1g
10/10 = 1g → 2 l
1 cp = 1g
x
$\frac{1 \times 1}{0,25}$

Concours blanc n°10 : sujets

	Temps conseillé	Points attribués
Sujet n°1	50 minutes	12/30
Sujet n°2	50 minutes	10/30
Sujet n°3	20 minutes	08/30
Total	**2 heures**	**30/30**

Correction concours blanc n°10 : page 194

Sujet n°1 • Question : analyse et synthèse de situation

Vous exercez en tant qu'aide-soignant(e) en EHPAD depuis plusieurs années. Vous appartenez à un groupe de travail portant sur la contention physique des personnes âgées. Lors des transmissions une de vos collègues exprime son mécontentement quant au fait que Monsieur H., qu'elle avait accompagné au coucher, s'est relevé pour déambuler dès sa sortie de la chambre et a chuté. Elle demande à ce qu'une contention physique soit mise en place.

Question 1 : Définisser la contention physique.

Question 2 : Un aide-soignant(e) peut-il de sa propre initiative mettre en place une contention physique. Le fait que le résident se soit relevé et ait chuté est-il une cause possible à l'utilisation d'une contention ? Argumenter votre réponse.

Question 3 : Il existe des risques possibles liés à une immobilisation par contention physique, quelle surveillance devez-vous mettre en œuvre ?

Question 4 : Quelles astuces pouvez-vous mettre en place afin de rendre ce geste plus doux et supportable pour le résident et ses proches ?

Sujet n°2 • Question : analyse et synthèse de situation

Vous accueillez une nouvelle aide-soignante au sein du service de pathologie infectieuse. Pour sa première journée, le cadre de santé du service vous la confie en encadrement.

Après lui avoir présenté l'organisation et le fonctionnement du service, vous lui proposez de vous accompagner pour réaliser la toilette d'un jeune homme de 32 ans atteint d'une tuberculose et actuellement en isolement. Elle vous dit qu'elle ne souhaite pas faire ce soin, car elle a peur de rentrer dans la chambre et d'être contaminée.

Question : Quelle va être votre démarche afin de convaincre votre collègue de vous accompagner pour ce soin ? Argumentez votre réponse.

Sujet n°3 • Question : numérique

Vous êtes aide-soignant(e)et prenez en charge une personne de 40 ans qui vient pour un bilan de diabète dans le service de médecine interne.

Il vous annonce que chaque jour il boit 1,5 litre de boissons sucrées car il n'aime pas le goût de l'eau.

Question 1 : Afin de lui faire prendre conscience de la quantité de sucre absorbée, vous calculez la quantité de sucre en gramme qu'il consomme en 30 jours, sachant qu'1 litre de boissons sucrées contient au minimum 120 grammes de sucre.

Question 2 : Sachant qu'un morceau de sucre pèse 5 grammes, combien ce patient prend-il de morceaux de sucre par jour ?

Chapitre 13
Concours blancs : corrections

Concours blanc n°1 : corrections

Sujet n°1 • Correction

Question 1 : Citez 3 facteurs à l'origine de l'évolution rapide de l'escarre talonnière.

- DNID.
- Artérite stade III.
- État grabataire.
- Déshydratation.
- Dénutrition.

Question 2 : L'équipe soignante a identifié 3 problèmes de santé majeurs : douleur, déshydratation, constipation. Recherchez pour chacun d'eux les facteurs à l'origine de ce problème et énoncez les signes.

Proposez pour chacun des problèmes des actions adaptées relevant de votre niveau de compétences.

Douleur

- Facteurs :
  - escarres ;
  - ostéite ;
  - artérite des membres inférieurs ;
  - coxarthrose bilatérale ;
  - mobilisation lors des soins et latéralisations.
- Signes :
  - gémissements ;
  - grimaces.

- Actions :
  - surveiller l'efficacité des traitements antalgiques administrés (A noter que l'utilisation de l'EVA est non pertinente du fait des troubles cognitifs) ;
  - observer la disparition des gémissements et grimaces ;
  - lors des soins de confort et d'hygiène et des latéralisations, les réaliser avec douceur ;
  - veiller à installer confortablement le patient, trouver avec lui une position antalgique.

Déshydratation

- Facteurs :
  - âge ;
  - boit uniquement si on lui donne donc boit peu.

- Signes :
  - pli cutané.

- Actions :
  - varier et encourager la prise de liquides
  - les répartir dans la journée, proposer systématiquement 1 verre d'eau lors des soins
  - instaurer une feuille d'hydratation
  - surveiller l'évolution du pli cutané en observant l'état des téguments et des muqueuses

Constipation

- Facteurs :
  - âge ;
  - traitement antalgique de pallier 2 ;
  - grabataire ;
  - boit peu ;
  - mange peu depuis 10 jours.

- Signes :
  - absence de selles depuis 4 jours.

- Actions :
  - veiller à une hydratation suffisante, mettre en place fiche de surveillance de l'hydratation ;
  - surveiller l'abdomen du patient (ballonnement) ;
  - noter si douleur abdominale ;
  - enrichir l'alimentation en fibres ;
  - changer de position régulièrement ;
  - réaliser un massage abdominal.

Sujet n°2 • Correction

Question : Comment pouvez-vous faciliter la communication avec ce patient ?

- S'assurer s'il en a, du port de lunettes, de l'appareil auditif (piles chargées), des prothèses dentaires.
- Rassurer et adapter l'environnement :
  - choisir un lieu calme sans passage car les bruits peuvent altérer sa capacité d'attention et de concentration ;
  - être totalement disponible ;
  - se mettre devant le patient dans l'axe de son regard pour établir un contact visuel ;
  - adopter un ton de voix calme et rassurant, adopter le vouvoiement, ne pas crier, articuler et parler lentement si nécessaire ;
  - se présenter.
- Savoir observer et écouter :
  - s'asseoir afin de se placer au même niveau que lui ;
  - s'approcher de lui avec son accord ;

- établir parfois un contact physique en prenant la main de la personne toujours avec l'accord du patient.

- Faciliter la communication :
  - le laisser s'exprimer sans chercher à l'interrompre au début, ne pas intervenir sauf si c'est pour aider le patient lorsqu'il bute sur un mot ou s'énerve.
- S'adapter au niveau de communication :
  - faire des phrases courtes et simples, une idée par phrase ;
  - pas de mots compliqués ;
  - reformuler la phrase si nécessaire ;
  - poser une question à la fois ;
  - poser des questions fermées pour qu'il puisse répondre par oui ou non ;
  - lui laisser le temps de répondre.

Sujet n°3 • Correction

Question : Calculer les différentes quantités de lait et de soupes de carottes.

Quantité de lait : 240 × (1/5) = **48 mL.**

Quantité de soupe : 240 × (4/5) = **192 mL.**

Concours blanc n°2 : corrections

Sujet n°1 • Correction

Question 1 : Au regard des éléments du texte, citez et justifiez les besoins perturbés de Madame B en vous basant sur les éléments de dépendance.

Question 2 : Proposez pour chacun d'eux 4 actions pertinentes en regard de la situation.

Vous pouvez rédiger une réponse pour chaque question. Vous pouvez également présenter vos réponses sous forme de tableau.

Les réponses proposées ici ne sont pas exhaustives.

Besoins perturbés	Justifications/ éléments de dépendance	Actions
Communiquer	Parle et comprend difficilement le français. Communique peu avec le personnel.	• Parler lentement, s'assurer de la bonne compréhension des propos en reformulant ou en la faisant reformuler. • Se faire aider de son petit fils pour les informations importantes. • Parler sa langue natale et ou trouver une personne la parlant dans le service. • Être à son écoute et disponible. • Favoriser les temps de visite de son petit fils. • Transmissions orales et écrites.
Se mouvoir, maintenir une bonne posture	1 m 55 pour 90 kg, IMC = 37,50. Bas de contention. Se mobilise peu. Difficilement du fait de douleurs articulaires. Très fatiguée.	• Mettre les bas de contention. • Réaliser son premier lever avec une infirmière du service. • Évaluer sa douleur et en tenir compte dans sa mobilisation. • L'installer confortablement au fauteuil. • Tenir compte de son état de fatigue pour évaluer le temps à passer au fauteuil. • Transmissions orales et écrites.
Boire et manger	Mange peu. N'apprécie pas les repas servis. 1 m 55 pour 90 kg, IMC = 37,50.	• Vérifier auprès de l'infirmier si régime alimentaire en place. • Essayer de respecter ses goûts dans le choix des menus. • Contacter la diététicienne. • Surveillance du poids. • Surveillance alimentaire. • Transmissions orales et écrites.

Être propre, soigné, protéger ses téguments	Toilette au lit. Fatiguée. Mobilité réduite. Douleurs articulaires. Surcharge pondérale.	• Réaliser la toilette au lit et soins de bouche en tenant compte de son autonomie et de son état de fatigue, des douleurs articulaires. • Préserver son intimité et sa pudeur. • Choisir avec elle si possible le moment propice en tenant compte de votre organisation, de la prise éventuelle d'antalgiques (voir avec l'infirmier). • Surveillance des points d'appuis. • Prévention des escarres. • Transmissions orales et écrites.
Éviter les dangers	Phlébite. Douleurs articulaires. Déplacements difficiles.	• Surveillance des signes d'évolution de la phlébite lors de la toilette (douleur, rougeur...). • Mise en place des bas de contention avant le lever. • Prise de température si nécessaire. • Évaluer la douleur. • Déplacements avec présence d'un soignant afin de prévenir les chutes. • Transmissions orales et écrites.
Se vêtir et se dévêtir	Douleurs articulaires.	• Aider à l'habillage. • Transmissions orales et écrites. • Tenir compte de la dernière prise d'antalgiques pour programmer l'habillage. • Lui proposer d'aider à choisir ses vêtements, ce qui ne nécessite pas forcément de parler sa langue.

Question 3 : Citez 4 critères de qualité pour la réalisation de la toilette de Madame B.

- Intimité/pudeur
- Efficacité
- Ergonomie
- Hygiène
- Sécurité
- Confort

Sujet n°2 • Correction

Question : En vous appuyant sur vos connaissances et votre expérience, expliquez les raisons à l'origine du mal être de Mme A.

Dans le cas présent, il existe une atteinte à l'**intimité**. La situation sociale fait que la patiente et l'étudiante sont amenées à se côtoyer dans un autre contexte que le contexte hospitalier. La situation actuelle traduit une rupture, puisque pour la patiente, il n'existe plus de séparation entre son domaine privé (elle, en tant que personne malade, dans une chambre d'hôpital) et le domaine social et public (le fait d'être sa voisine, d'habiter le même immeuble).

Le soin fait que le concept de **pudeur** peut aussi être évoqué. La patiente dévoile une partie intime de son corps devant 2 personnes. Le mal être est généré aussi par l'attitude de spectatrice de l'étudiante, qui renvoie à celle d'un « voyeur » et qui apparaît comme peu professionnel.
La patiente subit cette situation. Aucun consentement quant à la présence de l'étudiante n'a été demandée. Elle est en position de vulnérabilité. Elle n'est pas en position de décider, elle a mal et est fatiguée. Il y a non considération de la personne. La patiente est un objet de soin. Il n'y a pas eu de considération pour elle en tant que personne. Il y a une atteinte à la **dignité**.

Sujet n°3 • Correction

Question 1 : Quel est le volume de Bétadine® gynécologique nécessaire à la préparation de cette solution ?

La dilution est de 1/25 soit 1 mL pour 25 mL.
Le volume à préparer est de 80 cL soit 800 mL.
Le volume de Bétadine® gynécologique est donc : (800 × 1) / 25 = 32 mL.

Le volume de Bétadine® gynécologique nécessaire à la préparation de cette solution est de 32 mL.

Question 2 : Quel est le volume d'eau stérile à utiliser ?

Le volume d'eau stérile est de : 800 - 32 = 768 mL.

Le volume d'eau stérile est de 768 mL.

Concours blanc n°3 : corrections

Sujet n°1 • Correction

Question : Identifiez les problèmes réels et/ou potentiels de Sophie en les justifiant, ainsi que les actions à mettre en œuvre. Présentez votre réponse sous forme d'un tableau.

Problèmes réels ou potentiels	Actions
Problème neurologique lié à son traumatisme crânien.	Surveiller : • l'état de conscience ; • les réactions aux stimuli douloureux ; • la force musculaire, la mobilité ; • pouls, tension artérielle, température, respiration.
Problème neurologique lié à son traumatisme crânien.	• Surveiller l'apparition de signes de convulsions. • S'assurer de la bonne prise du traitement.
Altération de la mobilité physique liée à son coma, sa quadriplégie, ses rétractions tendineuses se manifestant par l'impossibilité de se mobiliser seule.	• Effectuer une mobilisation passive au lit, mobilisation passive des articulations des membres inférieurs et supérieurs. • Mettre au fauteuil tous les après-midis. • Être vigilant lors de l'installation au lit, respecter la position physiologique à l'aide de coussins, caler les pieds et au fauteuil mettre les attelles, pour prévenir l'équinisme.
Risques secondaires liés à l'immobilité : • escarres :	• Favoriser le changement de positions toutes les 3 heures. • Massage aux points d'appuis. • Mise en place et entretien du matelas anti-escarre. • Changes fréquents en cas de souillures.
• constipation :	• Massages abdominaux. • Surveiller l'efficacité du traitement et s'assurer de sa prise. • Mettre en place une surveillance hydrique (hydratation par la gastrostomie). • Mettre en place une surveillance des selles (périodicité et consistance).
Respiration inefficace liée à son coma, son immobilité se manifestant par un encombrement bronchique.	Faciliter la respiration de Sophie : • en la mettant en position demi-assise ; • en humidifiant l'air de sa chambre ; • prévoir si besoin des aérosols non médicamenteux. Évaluer la fonction respiratoire : • surveillance amplitude, rythme respiratoire, couleur des téguments ; • transmettre à l'infirmière si nécessité de réaliser une aspiration.

Risque d'infection bronchique lié à l'encombrement bronchique et à l'immobilité.	• Dépister les signes d'infection : prise de la température, évaluer la couleur, la quantité, l'odeur des crachats.
Alimentation inefficace lié à son coma.	• Réaliser une feuille de surveillance alimentaire pour comptabiliser les apports. • Peser régulièrement. • Surveiller les effets secondaires de l'alimentation (diarrhées). • Surveiller les signes de déshydratation. • Être vigilante à d'éventuels signes de reflux, de nausées.
Risque d'infection au niveau de la gastrostomie.	• Surveiller la température, d'éventuelles odeurs. • S'assurer de la bonne occlusion du pansement.
Incontinence urinaire et fécale.	• Assurer le confort et l'hygiène par des changes réguliers, lavages fréquents. • Faire attention à la macération. • S'assurer de la continuité de la sonde urinaire (coudé, désadaptée...).
Risque d'infection liée à la sonde vésicale.	• Manipuler la sonde en respectant les règles d'hygiène et d'asepsie. • Surveiller la température. • Surveiller l'aspect des urines (couleur, aspect...) et diurèse.
Incapacité totale de se laver.	• Assurer la toilette complète tous les jours et en cas de souillure. • Voir avec son entourage afin de tenir compte de ses habitudes (parfum, vêtements, coiffure...) pour préserver son image corporelle.
Altération de la communication verbale liée à son état comateux se manifestant par une aphasie.	• Expliquer systématiquement les soins que vous lui faites. • Communiquer par le toucher. • Décoder les messages non verbaux. • Lui mettre la musique. • Favoriser le contact avec sa famille. • Lui lire des livres.

Pour l'ensemble des éléments, réaliser la transmission écrite et orale.

Sujet n°2 • Correction

Question : Ce décès a entraîné au sein de la structure un malaise général. Aujourd'hui, vous encadrez une stagiaire aide-soignante qui verbalise une grande inquiétude face à une telle situation. Peut-on prévenir ce risque ? Que pouvez-vous lui dire ?

La mort subite du nourrisson est un drame non seulement pour les parents et leur famille mais aussi pour les équipes soignantes.

Il faut les déculpabiliser et les informer, voire si nécessaire, les orienter vers une prise en charge psychologique.

On retrouve souvent plusieurs causes intriquées chez un même nourrisson (infection, reflux gastro oesophagien, accident par étouffement...). Mais dans 25% des cas, aucune cause n'est retrouvée.

La prévention a permis de diminuer le nombre de décès mais la mort subite du nourrisson reste la principale cause de mortalité chez les enfants de moins de 1 an.

Il y a un certain nombre de recommandations à respecter (OMS) :

- coucher le nourrisson sur le dos ;
- un plan de couchage ferme, des couvertures légères que l'enfant peut écarter, des vêtements de nuit adaptés ("surpyjamas") ;
- déconseiller l'utilisation d'oreiller, de couette ou de duvet, les couffins aux montants non rigides ;
- ne rien mettre autour du cou du bébé (chaîne, tétine...) ;
- ne pas laisser d'espace libre entre le matelas et les bords du lit ;
- s'assurer d'une température ambiante autour de 20°C avec un humidificateur d'air ;
- en cas de fièvre découvrir l'enfant ;
- surveiller les enfants pendant la sieste ;
- observer :
  - les risques de rejets alimentaires ;
  - l'encombrement respiratoire ;
  - le changement de comportement ;
  - une coloration anormale ;
  - une perte de connaissance.

Sujet n°3 • Correction

Question : Calculez chez ce patient en grammes la quantité de protides, glucides et lipides apportées par l'alimentation sur 24 heures.

Par 24 heures, ce patient reçoit 4 x 500 mL, soit 2000 mL, sachant que chaque poche apporte 550 kcal cela représente un total de :

- 500 mL apporte 550 kcal donc 2000 mL apporte (2000 x 550) / 500 = 2200 kcal.

Pour les Protides

25 % correspondent à 25 kcal de protides pour 100 kcal donc pour 2200 kcal on aura :

25 kcal ⟶ 100 kcal
X kcal ⟶ 2200 kcal

X = (2200 x 25) / 100 = 550 kcal

4 kcal correspondent à 1 gramme de protides donc

4 kcal ⟶ 1 gramme
550 kcal ⟶ Y

Y = (550 x 1) /4 = 137,5 grammes de protides

Pour les glucides

55 % correspondent à 55 kcal de protides pour 100 kcal donc pour 2200 kcal on aura

55 kcal ⟶ 100 kcal

X kcal ⟶ 2200 kcal

X = (2200 x 55) / 100 = 1210 kcal

4 kcal correspondent à 1 gramme de glucides donc

4 kcal ⟶ 1 gramme

1210 kcal ⟶ Y

Y = (1210 x 1) /4 = 302,5 grammes de glucides

Pour les lipides

20 % correspondent à 20 kcal de protides pour 100 kcal donc pour 2200 kcal on aura

20 kcal ⟶ 100 kcal

X kcal ⟶ 2200 kcal

X = (2200 x 20) / 100 = 440 kcal

9 kcal correspondent à 1 gramme de lipides donc

9 kcal ⟶ 1 gramme

440 kcal ⟶ Y

Y = (440 x 1) /9 = 48,88 grammes de lipides

Chaque jour, ce patient recevra donc 137,5 grammes de protides, 302,5 grammes de glucides et 48,88 grammes de lipides.

Concours blanc n°4 : corrections

Sujet n°1 • Correction

Question 1 : Expliquer succinctement la physiopathologie d'une crise d'asthme.

L'asthme est une maladie complexe qui associe plusieurs types d'anomalies :

- une réaction initiale, qui survient immédiatement après l'inhalation de l'antigène, caractérisée surtout par une bronchoconstriction ;
- une phase dite tardive qui survient 6 à 12 heures après la réaction initiale et où la réaction cellulaire et inflammatoire est importante ;
- un passage à la chronicité lorsque les crises se succèdent : l'inflammation s'installe et on assiste à la mise en place d'une hyperréactivité bronchique, caractéristique de la maladie asthmatique. Cette phase est marquée par la détérioration des fonctions respiratoires en dehors des épisodes critiques.

Question 2 : Quels vont être les grands axes de votre prise en charge les premiers jours ?

- Accueillir le patient afin d'établir une relation de confiance car il soit être angoissé ou stressé.
- Veiller qu'il soit installé confortablement en position demi-assise.
- Assurer la surveillance respiratoire : coloration de la peau et des téguments, évaluation de la fréquence respiratoire, recherche de signes accompagnateurs de la crise d'asthme.
- Mettre à sa disposition sonnette, téléphone.
- Réaliser les soins d'hygiène si nécessaire, apprécier son état de fatigue en observant notamment son faciès.
- Lui proposer de boire régulièrement.
- Transmissions écrites et orales.
- Participer à la démarche éducative du patient notamment par rapport au respect de son traitement médicamenteux.

Question 3 : Sur quels éléments va porter la démarche éducative auprès de ce patient ?

Revoir avec lui en collaboration avec l'infirmier :

- ses connaissances sur la maladie ;
- les signes annonciateurs d'une crise d'asthme ;
- l'utilisation des appareils comme l'aérosol, le peak- flow... ;
- l'intérêt du traitement médicamenteux et son observance ;
- les facteurs déclenchant de son environnement : changement ou utilisation de produits sur son lieu de travail, sevrage tabagique...

Question 4 : Monsieur Y. fait une crise d'asthme à J4. Quelle(s) surveillance(s) mettez-vous en place au moment de la crise ?

Surveillance du patient :

- fréquence respiratoire ;
- dyspnée, tachypnée, tirage ;
- sueurs, pâleur, cyanose ;
- état neurologique : conscience, somnolence, troubles de la conscience,
- constantes : pouls, tension artérielle ;
- dépister rapidement l'apparition de bradypnée et pauses respiratoires.

Question 5 : L'infirmière met en place sur prescription un aérosol à base de Bricanyl® et d'Atrovent®. Quel est l'intérêt de mettre en place cet aérosol ?

L'aérosol permet une action rapide des médicaments, l'action est locale. Les médicaments ne sont pas détruits par les sucs digestifs, vont pouvoir lever assez rapidement le bronchospasme.

L'aérosol permet d'humidifier les voies aériennes et de fluidifier les sécrétions.

Sujet n°2 • Correction

Question : Que pensez-vous de cette remarque ?

Il n'est pas rare, du fait de la multiplication des utilisateurs des réseaux sociaux de retrouver sur la page Facebook de certains soignants des remarques de ce type.

Cette remarque qui semble anodine est loin de l'être. Son compte est certes protégé par un mot de passe, mais n'importe quel utilisateur de Facebook peut accéder à son compte et à ses contenus. La confidentialité de son compte n'est pas parfaite d'une part, mais au regard de sa fonction Mme F. doit respecter certaines règles, notamment celle du secret professionnel.

Votre employeur peut très bien taper ses nom et prénom dans le moteur de recherche et voir cette remarque. Tout est archivé et surveillé. Il faut donc qu'elle soit vigilante dans la diffusion de ces états d'âme. Elle peut être sanctionnée.

Pour rappel :
Selon un Extrait de L'article L. 1110-4 du code de la santé publique (CSP) :

« Toute personne prise en charge par un professionnel, un établissement, un réseau de santé ou tout autre organisme participant à la prévention et aux soins a droit au respect de sa vie privée et du secret des informations la concernant. »

{...} « Afin de garantir la confidentialité des informations médicales mentionnées aux alinéas précédents, leur conservation sur support informatique, comme leur transmission par voie électronique entre professionnels, sont soumises à des règles définies par décret en Conseil d'État pris après avis public et motivé de la Commission nationale de l'informatique et des libertés. Ce décret détermine les cas où l'utilisation de la carte professionnelle de santé mentionnée au dernier alinéa de l'art. L. 161-33 du code de la sécurité sociale (CSS) est obligatoire. »

« Le fait d'obtenir ou de tenter d'obtenir la communication de ces informations en violation du présent article est puni d'un an d'emprisonnement et de 15 000 EUR d'amende {...}».

Sujet n°3 • Correction

Question 1 : Combien d'inspirations cette personne va-t-elle réaliser en 1 minute ?

60/4 = 15 inspirations, 60 s = 1 minute.

Question 2 : Combien de personnes peuvent assister à ce cours avant que la pièce ne nécessite d'être aérée pour renouveler l'air ?

Nombre d'inspirations en 2 heures (120 minutes) : 15 x 120 = 1 800.

Volume d'air inspiré par personne en 2 heures : 1 800 x 0,5 = 900 litres.

Nombre de personnes :
1 personne consomme 900 litres, donc X personnes consomment 20 000 litres.
D'où X = 20 000 / 900 = 22,2, **soit 22 personnes.**

Concours blanc n°5 : corrections

Sujet n°1 • Correction

Question 1 : Expliquez le mécanisme physiopathologique de la constitution et de l'évolution de l'escarre sacrée de Madame R (stade 2).

L'immobilisation génère une hyperpression au niveau de la zone sacrée. Cette hyperpression entraine une hypoxie locale, car il y a compression artériolaire avec un œdème interstitiel. Ceci explique la présence de la phlyctène au stade 2.

Question 2 : Citez au regard de la situation 3 facteurs expliquant l'évolution rapide de l'escarre talonnière droite.

- Le diabète non insulino-dépendant.
- L'artérite des membres inférieurs.
- Déshydratation.
- Dénutrition.

Question 3 : Les problèmes de santé suivants ont été mis en avant :
- douleur ;
- déshydratation ;
- constipation ;
- risque d'hypoglycémie.

Recherchez dans le texte les facteurs à l'origine de ces problèmes et citez les signes.
Au regard de chacun de ces problèmes, citez les actions à mettre en œuvre relevant de votre domaine de compétence.

Présentez votre réponse sous forme d'un tableau.

Problèmes de santé	• Facteurs	• Signes	• Actions
Douleur	• Présence d'escarres de décubitus au talon droit et au niveau du sacrum (stade II).	• Gémissements. Grimaces.	• Réaliser les soins avec douceur. • Installer confortablement la patiente (position antalgique).
Douleur (suite)	• Ostéïte. • Artérite des membres inférieurs. • Mobilisation.		• Réaliser EVA avec outil approprié (tenir compte de son trouble cognitif). • Observer la disparition des grimaces et des gémissements.

Déshydratation	• Age. • Boit uniquement ce qu'on lui propose.	• Pli cutané	• Instaurer 1 feuille de surveillance hydrique. • Surveillance de l'évolution du pli cutané. • 1 verre d'eau systématique à chaque passage en chambre. • Varier les apports liquidiens.
Constipation	• Age. • Traitement à base de morphine. • État grabataire. • Boit uniquement ce qu'on lui propose. • Depuis une semaine elle ne mange quasiment plus.	• Depuis 4 jours, elle n'a pas eu de selles.	• Assurer une hydratation suffisante. • Lui proposer ce qui lui fait plaisir • Proposer à la famille de lui apporter des aliments qu'elle aime. • Transmettre l'information à l'infirmière.
Risque d'hypoglycémie	• Passage d'antidiabétiques oraux à des injections d'insuline. • Depuis une semaine elle ne mange quasiment plus.	• Elle est désorientée et son jugement est altéré.	• Surveiller l'apparition de signes d'hypoglycémie : sueurs, pâleurs, tremblements... • Prévoir un aliment sucré dans la chambre.

Sujet n°2 • Correction

Question 1 : Vous vous apprêtez à effectuer l'aide à la toilette de Madame O. et vous effectuez un lavage de mains dans la salle de soins. Vous demandez à Mademoiselle G. de faire de même, en lui expliquant les différentes étapes. Vous lui précisez que c'est une règle de base en matière d'hygiène et l'un des meilleurs moyens d'éviter les infections nosocomiales. La stagiaire vous demande de lui expliquer ce terme qu'elle ne connaît pas.

(définition du CCLIN sud-est 2005) :

Les infections nosocomiales (IN) sont les infections liées aux soins et par extension acquises dans un établissement de soins. Elles peuvent toucher les patients mais aussi le personnel soignant et les autres professionnels de l'établissement en raison de leur activité.

La définition la plus souvent admise est la suivante : « une infection est dite nosocomiale, si elle apparaît au cours ou à la suite d'une hospitalisation et si elle est absente à l'admission dans l'établissement de santé ». Ce critère est applicable à toute infection.

Lorsque la situation précise à l'admission n'est pas connue, un délai d'au moins 48 heures après l'admission (ou un délai supérieur à la période d'incubation, lorsque celle-ci est connue) est communément accepté pour distinguer une infection nosocomiale d'une infection communautaire.

Question 2 : Mettre dans l'ordre les 6 étapes de la friction hydroalcoolique en reportant le numéro sur la copie.

Les étapes de la friction après application du produit sur des mains propres, sèches et non lésées, chaque action étant à répéter 5 ou 6 fois avant de passer à l'étape suivante :

- 4. paume contre paume ;
- 1. paume contre dos de la main ;
- 6. espaces interdigitaux ;
- 3. ongles ;
- 5. pouces ;
- 2. poignets et bord cubital.

Question 3 : La stagiaire porte la tenue avec laquelle elle est arrivée dans le service. Vous lui demandez de vous accompagner afin qu'elle puisse se changer. Elle porte notamment des manches longues. Elle ne souhaite pas le faire vous assurant que sa tenue est propre. Que lui répondez-vous ?

Sa tenue est certainement propre mais elle n'est pas adaptée à l'exercice professionnel en structure de soins. Elle doit revêtir une tenue professionnelle. Cette dernière est adaptée à l'activité pratiquée et doit être changée quotidiennement et à chaque fois qu'elle est souillée.

Les manches des tenues doivent être courtes pour permettre une bonne technique d'hygiène des mains.

Sujet n°3 • Correction

Question 1 : Quel est le prix de revient d'une gélule ?

Prix de revient : 26 / 20 = **1,3 euros.**

Question 2 : Vous devez régler cet achat. La Sécurité sociale vous rembourse 65 % de cette somme, le reste sera pris en charge par votre mutuelle.
Quel est le montant remboursé par la Sécurité sociale ?

26 x (65/100) = **16,90 euros.**

Question 3 : Quelle somme sera remboursée par votre mutuelle ?

26 - 16,90 = **9,10 euros.**

Question 4 : Aurez-vous assez de gélules avec une boite pour aller au bout de votre traitement ?

Il faut 4 gélules par jours pendant 7 jours. Il faut donc 28 gélules pour aller au bout du traitement. La boite n'en contenant que 20, **il faudra donc une deuxième boite.**

Concours blanc n°6 : corrections

Sujet n°1 • Correction

Question 1 : Citez les complications possibles d'un traitement par corticoïdes à long terme. Précisez les règles hygiéno-diététiques à respecter.

Les complications digestives : brûlures gastriques, ulcère gastro-duodénal, perforation intestinale...

- Éviter :
  - Les aliments acides ;
  - Les épices ;
  - Le tabac ;
  - L'alcool.
- Surveiller les selles à la recherche de sang.

Les complications infectieuses : diminution des défenses immunitaires d'où risque infectieux majoré.

- Surveiller la température.
- Faire attention en cas de plaie.

Les complications endocriniennes

- Possibilité de mettre en place un régime hypolipidique (prescription médicale).
- Éviter l'arrêt brutal du traitement.

Les complications métaboliques : rétention hydro-sodée, augmentation du poids, œdème, hypokaliémie, hyperglycémie, arrêt de la croissance chez l'enfant, ostéoporose chez l'adulte

- Surveiller le poids régulièrement.
- Surveiller la diurèse.
- Possibilité de mettre en place un régime hyposodé(prescription médicale).
- Apport de potassium par l'alimentation (bananes...).
- Possibilité de mettre en place un régime riche en calcium (prescription médicale).
- Possibilité de mettre en place un régime hypoglucidique (prescription médicale).

Les complications neuropsychiques : euphorie ou dépression, insomnie

- Faire prendre le traitement avant 16 heures.

Les complications cutanées : allergies cutanées...

- Surveiller l'état cutané.

Question 2 : Mme E. a pour antécédent une polyarthrite rhumatoïde. Citez 4 signes cliniques caractéristiques de cette maladie ?

- Douleur au repos.
- Raideur nécessitant un déverrouillage matinal.
- Gonflement de l'articulation.
- Rougeur, chaleur de l'articulation.
- Déformation.

Question 3 : Énoncez les problèmes de santé à son arrivée et les actions que vous mettez en place dans la matinée. Présentez votre réponse sous forme d'un tableau.

Problèmes de santé	Actions
Difficultés respiratoires liées à la décompensation de son insuffisance respiratoire chronique qui se manifestent par une dyspnée, pâleur, sueurs…	. Installer la patiente en position demi-assise. . Surveiller la fréquence respiratoire, le pouls, la tension artérielle, les signes cliniques (pâleur, sueurs, cyanose), comportement (agitation, somnolence…). . Avoir une attitude calme et rassurante.
Infection liée à sa pneumopathie	. Surveiller les paramètres et notamment la température. . Faire boire la patiente. . Lui mettre à disposition crachoir et mouchoirs. . Vérifier l'aspect des crachats.
Anxiété liée à la pathologie, à l'hospitalisation et à son isolement	. Rassurer la patiente quant à sa prise en charge en lui expliquant les examens, les traitements. . L'installer confortablement en fonction de son choix et de son confort. . Établir une relation de confiance.

Sujet n°2 • Correction

Question : Que pensez de l'attitude de votre collègue ? Argumentez.

C'est une attitude relevant d'un jugement de valeur et met en avant des propos moraux inacceptables pour un professionnel.
Cette collègue interprète un comportement comme une provocation vis-à-vis de l'équipe.
Son refus de réaliser le soin est une faute professionnelle.

Le patient n'est pas là pour « aider » le soignant. C'est au soignant d'apporter l'aide suffisante et nécessaire pour que le patient accomplisse un acte dans le respect de son autonomie. Tout faire à la place du patient, ou demander au patient de tout faire, ne sont pas des objectifs soignants. On mobilise les ressources du patient, on les sollicite, on les accompagne, on les encourage… mais on ne doit ni les juger et ni les négliger.

Sujet n°3 • Correction

Question : Quel volume, en litre, Mme L. a-t-elle bu ?

- 250 mL de café = 0,25 L.
- 0,05 litre d'eau additionnée de sirop = 0,05 L.
- 3 verres d'eau de 1 dL chacun = 3 x 0,1 l = 0,30 L.
- 20 cm^3 de café = 0,02 L.
- 1 verre d'eau de 10 cL = 0,1 L.
- 0,15 litre de tisane= 0,15 L.

Soit au total :
- 0,25 + 0,05 + 0,3 + 0,02 + 0,1 + 0,15 = 0,87 L.

Le volume en litres bu par Mme L. représente 0,87 litre.

Concours blanc n°7 : corrections

Sujet n°1 • Correction

Question 1 : À partir des besoins perturbés et des éléments du texte, dégagez les problèmes de santé.

Question 2 : Proposez 3 actions pour chacun de ces problèmes de santé.

Vous pouvez rédiger une réponse pour chaque question. Vous pouvez également présenter vos réponses sous forme de tableau.

Les réponses proposées ici ne sont pas exhaustives.

Problèmes de santé	Actions
Une hygiène négligée.	• Aide et stimulation pour sa toilette, à adapter en fonction de sa fatigue et de ses progrès. • Shampoing et bain de pieds à renouveler. • Appliquer de la vaseline sur les croutes. • Hygiène intime. • Inspecter les plis inguinaux : vigilance quant au séchage correcte. • Transmissions orales et écrites.
Une perte de l'estime de soi.	• Le valoriser dans ses actes et sa participation à la toilette. • Lui donner de l'autonomie et l'encourager à la prendre. • Lui montrer l'importance d'avoir une bonne hygiène et de renvoyer une image soignée aux autres. • Transmissions orales et écrites.
Une mobilité réduite du fait du repos strict au lit sauf pour la toilette et aller aux toilettes.	• Faire respecter la consigne et lui réexpliquer si nécessaire les raisons. • L'installer confortablement au lit, mettre ses affaires à portée de mains, la sonnette à disposition. • Lui proposer votre aide pour les déplacements. • Transmissions orales et écrites.
Un manque d'appétit.	• Lui expliquer l'intérêt de son régime alimentaire. • Connaître ses goûts et voir avec la diététicienne pour les adapter à son régime en place. • Surveillance alimentaire et du poids. • Transmissions orales et écrites.
Une restriction hydrique.	• Lui expliquer si nécessaire l'intérêt de la restriction hydrique. • Surveillance des apports journaliers en les notant au fur et à mesure sur une feuille. • Surveillance du poids, de la diurèse, du périmètre abdominal. • Dépister les signes éventuels de sevrage alcoolique. • Transmissions orales et écrites.

Les complications de décubitus.	• Surveillance de l'état cutané. • Surveillance des selles. • Surveillance des signes de phlébite. • Transmissions orales et écrites.
Le sommeil perturbé.	• L'installer confortablement pour la nuit. • Être à son écoute pour la nuit, le laisser verbaliser. • Transmissions orales et écrites.
Une respiration inefficace.	• Favoriser la toux et l'expectoration. • Position ½ assise (fauteuil ou tête de lit surélevée). • Installer crachoir, haricot usage unique et mouchoirs à disposition. • Éliminer régulièrement les déchets. • Apprécier les signes cliniques d'efficacité de la respiration (essoufflement, sifflement...). • Transmissions orales et écrites.

Sujet n°2 • Correction

Question : Expliquer comment vous allez gérer cette agressivité en tant que soignant(e).

Tout d'abord, il faut rester calme et ferme face au patient, vous ne devez pas montrer d'appréhension car il risque de la percevoir. Même si vous pouvez vous sentir en insécurité, vous devez faire régner un climat de sécurité. Vous ne devez pas manifester d'agressivité en retour mais être ferme dans votre positionnement. Vous devez être tolérant devant ce débordement de souffrance et de détresse, mais sans pour autant en accepter les débordements éventuels. Vous ne devez pas avoir une attitude d'évitement.

Il faut aussi laisser le patient se ressaisir et donc respecter son besoin d'isolement, il a besoin de faire le point, de retrouver son calme. Ce n'est pas habituel chez ce patient, mais cette annonce a suscité chez lui cette agressivité et cette colère. Il ne la dirige pas contre vous mais a besoin de vous l'exprimer. Il ne faudra donc pas en tenir rigueur au patient.

Vous devez transmettre cette situation conflictuelle dans le dossier de soins et auprès de l'infirmier(ière) et expliquer comment vous l'avez gérée. Le patient a besoin d'être accompagné dans cette annonce, mettre des mots sur son ressenti, d'avoir une discussion claire qui a toutes les chances de désamorcer cette situation.

Sujet n°3 • Correction

Question : Calculer la quantité de sirop que le résident a ingurgité ?

$((100 - 20)/ 100) \times 250 = (80/100) \times 250 = 200$

Le résident a donc bu 200 mL.

Concours blanc n°8 : corrections

Sujet n°1 • Correction

Question : Après avoir dégagé les problèmes de santé présentés par Madame C. ce jour, indiquez 5 actions à mettre en œuvre pour y répondre.

Problème de santé n°1 : elle est alitée.

Elle peut présenter du fait de cet alitement un ensemble de problèmes consécutifs à cette immobilisation.

- Au niveau de son hygiène :
  - aide à la toilette au lit car elle est en repos strict au lit ;
  - évaluer son niveau d'autonomie : ne peut pas utiliser son bras droit et ses mouvements sont limités ;
  - l'accompagner dans ses gestes au quotidien : lui installer et préparer le matériel nécessaire à sa toilette ;
  - être vigilant quant à sa petite toilette du fait de son infection urinaire ;
  - l'encourager et la valoriser dans ses actes ;
  - transmettre dans le dossier de soins et à l'équipe toutes les informations.
- Au niveau de son état cutané :
  - être vigilant à toute rougeur ou irritations au niveau des points d'appuis ;
  - lui demander de se mobiliser et de changer si possible les points d'appuis ;
  - faire régulièrement la prévention d'escarre ;
  - transmettre dans le dossier de soins et à l'équipe toutes les informations.
- Au niveau de son élimination :
  - proposer régulièrement le bassin : du fait de son infection urinaire elle risque de demander davantage le bassin ;
  - surveiller et noter chaque selle sur le dossier de soins ;
  - hygiène rigoureuse après chaque selle.
- Risque de constipation : manque d'activité et certains traitements (neuroleptiques) :
  - favoriser la prise de boisson ;
  - possibilité de mettre en place un régime riche en fibres ;
  - transmettre dans le dossier de soins et à l'équipe toutes les informations. effectuer massages abdominaux.
- Au niveau de sa mobilisation :
  - mettre sonnette à portée de main ;
  - installer une potence pour favoriser l'autonomie ;
  - aider dans les gestes de la vie quotidienne tout en favorisant au maximum l'autonomie (toilette, alimentation...) ;
  - mobiliser la patiente avec des mouvements passifs et actifs pour éviter l'ankylose ;
  - transmissions orales et écrites à l'infirmier.
- Au niveau de son bien être psychique :
  - veiller à son confort et son bien être, adapter son environnement proche (sonnette à disposition, lecture, eau...) ;
  - privilégier au maximum intimité et pudeur ;
  - adapter l'environnement pour permettre à la patiente l'accomplissement de la majorité de ses activités ;
  - transmettre dans le dossier de soins et à l'équipe toutes les informations.

Problème de santé n°2 : elle est dépressive.

- Doit être protégée contre elle même :
  - la rassurer et la valoriser dan ses actes au quotidien ;
  - être présent et à l'écoute en lui laissant de l'autonomie ;
  - se rendre disponible quand elle en ressent le besoin soit spontanément ou à l'occasion d'un soin ;
  - évaluer son état d'anxiété et noter tout élément d'aggravation ou d'évolution dans son comportement. (Refus de s'alimenter, de se laver...) ;
  - transmettre dans le dossier de soins et à l'équipe toutes les informations.

Problème de santé n°3 : elle est porteuse d'un plâtre au poignet droit et de pansements recouvrant des plaies opératoires.

- Surveiller le plâtre :
  - surveiller l'état cutané à la recherche de lésions, rougeurs, escarres... ;
  - surveiller la couleur et la chaleur des extrémités du membre plâtré afin de dépister des signes de compression (œdèmes, cyanose des doigts, extrémités froides, paresthésies...) ;
  - être à l'écoute de la douleur ;
  - surveiller l'apparition d'une escarre sous le plâtre (tache brune sur le plâtre) ou d'une infection (odeur nauséabonde) ;
  - conseiller un régime riche en calcium et protides pour favoriser la reconstruction osseuse ;
  - vêtir la patiente d'un vêtement adapté au plâtre ;
  - aide et installation au repas ;
  - transmettre dans le dossier de soins et à l'équipe toutes les informations.
- Surveiller les plaies opératoires recouvertes de pansements occlusifs au niveau du tibia et du fémur droits :
  - surveiller localement les pansements à la recherche d'un éventuel écoulement, d'une odeur, d'un pansement tâché... ;
  - surveiller toute hyperthermie ;
  - transmettre dans le dossier de soins et à l'équipe toutes les informations.

Problème de santé n°4 : elle est atteinte d'une infection urinaire

- Surveiller la température.
- Surveiller l'aspect et l'odeur des urines.
- Inciter à la prise de boissons (hydratation correcte) s'assurer que l'hydratation est suffisante et l'augmenter car elle a une infection urinaire cela va favoriser l'élimination des germes.
- Favoriser l'installation confortable sur le bassin (aide au maintien en position assise).
- Effectuer une bandelette urinaire tous les jours.
- Transmettre dans le dossier de soins et à l'équipe toutes les informations.

Problème de santé n°5 : elle est atteinte d'une phlébite.

- Surveiller l'évolution des signes de phlébite : mesure du périmètre du membre inférieur (œdème), chaleur cutanée, douleur, dissociation pouls température, rougeur et tout signe d'aggravation à type de dyspnée, douleur thoracique, anxiété, accélération du pouls évoquant une embolie pulmonaire.
- Ne pas mobiliser abusivement le membre : risque de migration du caillot et d'embolie.
- Surveiller les effets des anticoagulants.
- Éviter les aliments riches en vitamine K (abats, choux) qui risquent de potentialiser l'action.
- Surveiller les signes d'hémorragies (ecchymoses, gingivorragies, épistaxis, otorragies, méléna, hématuries...).
- Conseiller un brossage des dents avec une brosse douce pour éviter les lésions des gencives.
- Transmissions orales et écrites à l'infirmier.

Sujet n°2 • Correction

Question 1 : Définissez l'hypothermie.

L'hypothermie est une chute de la température du corps au-dessous de 36 °C, causée par le froid. Dans certains cas, elle peut être mortelle.

Signes et symptômes

- Frissons ou tremblements.
- Extrémités froides.
- Engourdissement pouvant provoquer des maladresses.
- Baisse de vigilance et manque de concentration, voire un comportement inhabituel ou bizarre.
- Présence ou non de gelures.
- Confusion.
- Perte de conscience.
- Diminution du pouls et de la respiration.
- Rigidité musculaire.

Question 2 : Citez 6 actions à mettre en place pour éviter une hypothermie.

Pour éviter les hypothermies faire en sorte de bien se couvrir lorsqu'il fait froid (il faut anticiper la température extérieure avant de sortir de chez soi).

Pour les personnes les plus frileuses, elles ne doivent pas hésiter à porter des gants et une écharpe, un manteau bien chaud, mais surtout un bonnet dès que la température extérieure baisse un peu.

S'il fait particulièrement froid, pour éviter les risques d'hypothermie, il faut porter les uns par-dessus les autres :

- des sous-vêtements et un haut synthétiques ;
- une couche de vêtements en laine polaire ;
- une couche supérieure coupe-vent, si possible en gore-tex.

Il faut boire régulièrement (toutes les heures environ) et, éventuellement, prendre avec soi un thermos contenant une boisson chaude.
Il faut s'alimenter correctement avec des aliments suffisamment caloriques tels que des fruits secs, des barres de céréales, des bananes...

Question 3 : Présentez les 3 niveaux du « plan grand froid ».

Le plan "Grand Froid" est un dispositif interministériel prévoyant des actions en cas d'hiver rigoureux. Il est activé par les préfectures selon l'intensité du froid, qui est lui-même évaluée à partir des températures transmises par Météo France via sa carte de vigilance météorologique. En région parisienne, le plan d'alerte prévoit la mise à disposition de plusieurs milliers d'hébergements d'urgence et peut aller jusqu'à la mobilisation renforcée de "maraudes" (travailleur social, infirmier, chauffeur), de médecins volontaires réservistes ou retraités, et de partenaires sociaux (Croix-Rouge, Restos du Cœur...).

Le plan "Grand Froid" est un dispositif qui s'accompagne d'une procédure de veille et consigne les bonnes pratiques pour prévenir les dangers d'une période de froid prolongée. Il existe trois niveaux de vigilance, dépendant directement du relevé quotidien des températures diurnes et nocturnes. Concrètement, le niveau 1 ("temps froid") correspond à un niveau de vigilance modéré : il est appliqué si on relève une température à la fois positive en journée et située entre 0 et -5 °C la nuit. Le niveau 2 ("grand froid") correspond à une température négative en journée et une température mesurée entre -5 °C et -10 °C la nuit. Le niveau 3 (appelé également "froid extrême") correspond au niveau de vigilance maximal : la température est négative en journée et inférieure à -10 °C la nuit. Il est prévu que ce dispositif soit éventuellement appliqué entre le 1er novembre et le 31 mars.

Sujet n°3 • Correction

Question 1 : Quel est le volume de la salle de classe ?

8,2 × 5,7 × 3,5 = 163,59 m^3

Le volume de la salle de classe est de 163,59 m^3.

Question 2 : Quel est l'équivalent en volume de dioxygène de cette salle, si l'on admet que l'air contient 21 % de dioxygène en volume ?

163,59 × 21/100 = 34,35 m^3

Le volume de dioxygène de la salle de classe est de 34,35 m^3.

Question 3 : Vous êtes en cours d'anatomie-physiologie avec Mme H. Votre classe compte 27 élèves. Quel est le volume d'air disponible par personne, en mètres cubes ?

163,59 : 28 car il y a 27 élèves ET le professeur ! (question piège) = 5,84 m^3

Le volume d'air disponible par personne est de 5,84 m^3.

Question 4 : Et en hectolitres ?

58,40 hL car 1 m^3 = 1 000 litres = 10 hectolitres

Le volume d'air disponible par personne est de 58,40 hL.

Concours blanc n°9 : corrections

Sujet n°1 • Correction

Question 1 : L'analyse de situation faite par l'équipe soignante permet de dégager les axes suivants :
- nécessité de prendre en compte les antécédents psychiatriques ;
- nécessité de mettre en place une surveillance étroite sur le plan clinique et psychiatrique ;
- nécessité de tenir compte du comportement actuel du patient : parle peu, il semble subir cette hospitalisation ;
- nécessite de prendre en compte le contexte social, familial et professionnel : ne travaille pas, suicide du frère, adulte handicapé...

Au vue de la situation de ce patient, expliquez la prise en charge relevant de votre domaine de compétence :
- à court terme ;
- à moyen terme ;
- à long terme.

À court terme : en pré-opératoire

- Informer et rassurer le patient sur le geste chirurgical.
- Être attentif au comportement de Monsieur A. : humeur, sommeil, alimentation, capacité à communiquer, à s'occuper.
- Éliminer tout objet dangereux de son environnement.
- Réaliser la préparation cutanée selon le protocole du service.
- S'assurer qu'un repas léger est prévu pour la veille de l'intervention et que le patient soit bien à jeun à minuit.

À moyen terme : en post-opératoire

- Participer à la préparation du patient le matin avant l'intervention
- Surveiller :
  - le risque hémorragique : pansement... ;
  - la douleur : l'évaluer, transmettre les informations ;
  - l'apparition éventuelle d'une modification de comportement : agitation, confusion ;
  - le risque infectieux ;
  - le risque thrombo-embolique ;
  - le risque d'encombrement bronchique.
- Évaluer l'autonomie du patient pour réaliser ses soins d'hygiène, se mobiliser.
- Surveiller la reprise du transit intestinal.
- Respecter le régime alimentaire prescrit dès que la reprise du transit sera faite.

À long terme

- Participer à l'éducation du patient et de son épouse en matière d'hygiène de vie : conseils pour la mobilisation, l'alimentation, le tabagisme...
- Surveiller le comportement et l'humeur.

Sujet n°2 • Correction

Question : Expliquez ce qu'est la personne de confiance.

Elle peut être un parent, un proche ou le médecin traitant. La personne de confiance peut assister le patient lors de ses rendez-vous médicaux et être consultée par les médecins pour rendre compte des volontés si le patient n'est pas en mesure d'être lui-même consulté.

Dans le cas où son état de santé ne lui permet plus de donner son avis ou de faire part de ses décisions, le médecin ou l'équipe médicale consulte en priorité la personne de confiance.

Son avis guide le médecin pour prendre ses décisions. Elle doit donc connaître les volontés du patient et les exprimer lorsqu'elle est appelée à le faire.

Cette désignation se fait par écrit, lors de l'admission du patient ou au cours de son hospitalisation, sur les formulaires qui lui seront donnés à cet effet. À défaut, cette désignation peut s'effectuer sur papier libre. Le document écrit se trouve dans le dossier de soins du malade.

La personne de confiance ne doit pas être confondue avec la *personne à prévenir* qui est alertée par téléphone en cas d'aggravation de votre état de santé.

Sujet n°3 • Correction

Question : Quel est le nombre de comprimés nécessaire pour la réalisation de cette solution ?

La solution contient 0,5 mg de produit actif par mL ou 0,5 g par litre
Il faudra donc 1 gramme pour 2 litres d'eau.

- 1 comprimé contient 0,25 g de produit actif.
- X comprimés contiennent 1 g de produit actif.
- D'où X = 1/0,25 = 4 comprimés.

Pour réaliser cette préparation, il faudra 4 comprimés.

Concours blanc n°10 : corrections

Sujet n°1 • Correction

Question 1 : Quels sont les éléments du texte qui sont en faveur d'un syndrome dépressif sévère ? Argumentez votre réponse.

Il présente :

- Une humeur triste :
  - Très pessimiste face à son avenir ;
  - En ressassant des idées noires ;
  - Ralentissement des opérations mentales : difficultés à se concentrer et jugement parfois altéré, mémoire parfois défaillante, a confondu son fils avec une autre personne.
- Une asthénie.
- Une inhibition psychomotrice : abattu et triste.
- Des idées mélancoliques : se sent inutile, dit être une charge pour sa famille.
- Une conduite suicidaire : aurait menacé d'en finir, ne mange plus.
- Des symptômes physiques : troubles du sommeil, amaigrissement.

Question 2 : L'équipe soignante a mis en avant 3 problèmes de santé prioritaires :

Un problème potentiel : risque de passage à l'acte suicidaire et 2 problèmes réels : troubles de l'alimentation à type d'anorexie et troubles du sommeil.

Pour chacun de ces 3 problèmes de santé, expliquez les actions à mettre en œuvre.

Pour le risque de passage à l'acte suicidaire.

- Lui faire un accueil bienveillant.
- Adopter une attitude d'écoute active.
- Établir une relation d'aide de qualité, choisir un AS référent(e).
- Installer dans une chambre double près de la salle de soins.
- Écarter les objets dangereux ou susceptibles de le devenir.
- Surveiller l'efficacité du traitement en observant d'éventuels changements de comportement ou dans ses propos.

Pour le problème alimentaire.

- Établir les menus en tenant des choix et des goûts du patient.
- Mettre en place une feuille de surveillance alimentaire.
- Surveiller la prise alimentaire et la reprise de l'appétit.
- Peser régulièrement le patient.

Pour les troubles du sommeil.

- L'interroger sur son sommeil et sa qualité.
- Surveiller les activités de la journée.
- Supprimer le café et proposer une tisane le soir.
- Surveiller l'efficacité du traitement médicamenteux et la bonne prise.

Sujet n°2 • Correction

Question 1 : Quelle va être votre démarche afin de convaincre votre collègue de vous accompagner pour ce soin ? Argumentez votre réponse.

S'assurer de ses connaissances sur cette pathologie (modes de transmissions, facteurs de risques, les protocoles de soins).

Lui réexpliquer l'objectif de cet isolement : limiter la transmission du bacille de Koch du patient à toute autre personne (patient, soignant, visiteurs).

Réajuster les connaissances et lui présenter les protocoles de soins en vigueur dans le service.

Accompagner dans la réalisation des premiers soins, la rassurer en lui expliquant que si elle prend toutes les précautions préconisées le soin est sûr, elle ne risque rien.

Lui transmettre les mesures spécifiques dans l'isolement d'un patient atteint de tuberculose :

- identifier la mise en isolement : une affiche symbolisant un visage portant un masque sur la porte de chambre, une affiche « précautions pour les visiteurs » sur l'unité mobile et le noter sur le dossier de soins, une affiche triangle bleu symbolisant le lavage des mains sur les fiches de liaisons et les bons d'examen ;
- isolement géographique chambre individuelle, porte fermée ;
- aérer la chambre toutes les 2 heures, porte fermée ;
- limiter les visites ;
- port d'une sur-blouse ;
- port du masque obligatoire pour toutes les personnes entrant dans la chambre, pour le patient quand il n'est pas seul, pour le patient sortant de la chambre (masque efficace maximum 3 heures, jeté après chaque usage) ;
- port du masque et de gants à usage unique : pour tout soin rapproché ou prolongé nécessitant un contact avec le patient et ou son environnement et pour toute manipulation de crachats et ou sécrétions ;
- port du masque, de gants à usage unique et lunettes de protections si risque de projection ;
- regrouper les soins et limiter les entrées et sorties ;
- éliminer les déchets de soins dans les sacs jaunes ;
- évacuer le linge dans les sacs rouges hydrosolubles ;
- nettoyage et décontamination à la fin des soins après les autres chambres ;
- en fin de soins :
  - ôter les gants dans la chambre et les éliminer dans les sacs prévus ;
  - lavage simple des mains ;
  - sortir de la chambre, ôter le masque et l'éliminer dans le sac jaune sur l'unité mobile de protection ;
  - si port de sur-blouse, l'enlever et l'éliminer dans le sac jaune de l'unité mobile de protection ;
  - se frictionner les mains avec la solution hydroalcoolique.

Réajuster si besoin.

Sujet n°3 • Correction

Question 1 : Afin de lui faire prendre conscience de la quantité de sucre absorbée, vous calculez la quantité de sucre en gramme qu'il consomme en 30 jours, sachant qu'1 litre de boissons sucrées contient au minimum 120 grammes de sucre.

Dans 1,5 litre de boissons sucrées, il y a : 120 x 1,5 = 180 grammes de sucre.

En 30 jours, le patient aura consommé : 180 x 30 = **5 400 grammes de sucre.**

Question 2 : Sachant qu'un morceau de sucre pèse 5 grammes, combien ce patient prend-il de morceaux de sucre par jour ?

180 / 5 = **36 morceaux de sucre.**

Notes personnelles : 1 -> 5g

Notes personnelles :

Notes personnelles :

Notes personnelles :

Notes personnelles :

Notes personnelles :

Notes personnelles :

TOUS LES OUTILS POUR RÉUSSIR TOUS LES STAGES

REGROUPÉS ET CLASSÉS DANS UN RÉPERTOIRE

4e édition

LE RÉPERTOIRE DES

102 OUTILS

DE L'**INFIRMIERE**

SCORES, NORMES, ÉCHELLES, CONSTANTES...
PHARMACOLOGIE : CLASSES, DÉBITS, CALCULS, DILUTIONS...
INTERROGATOIRE DU PATIENT FRANÇAIS/ANGLAIS
AIDE-MÉMOIRE
CONDUITES À TENIR
FICHES AFGSU 1 ET 2

TOUS LES CONCEPTS INDISPENSABLES POUR LES 3 ANNÉES DE FORMATION

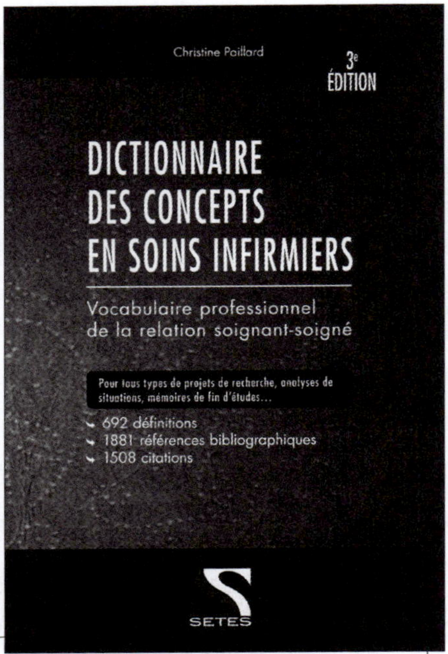

DICTIONNAIRE DES CONCEPTS EN SOINS INFIRMIERS

3e édition

692 définitions

1881 références bibliographiques

1508 citations

SOLLICITUDE

n.f. Trad. Angl. Helpful, Care, Solicitude. Domaine Sciences humaines.

Voir aussi : ACCUEIL, BIENVEILLANCE, COMPASSION, EMPATHIE, SOIGNANT

D'après le *Trésor de la Langue Française*[151], il s'agit de « Soins attentifs et affectueux, constants, prodigués envers une personne ou une collectivité... Au pluriel, manifestations concrètes de ces soins attentifs ».

Cit. « *Bientôt ce fut lui qui la lava, la peigna, l'aida à changer de linge, la porta de sa chaise à son lit. Il était d'une patience, d'une sollicitude qui la touchait. On eût dit que se donner, se dépenser pour autrui était sa vie à lui*[152] ».

Pour aller plus loin : BENAROYO, Lazare et LEFÈVRE, Céline et al. *La philosophie du soin*. Paris : PUF. 2010.

SOLITUDE

n.f. Trad. Angl. Love. Happiness. Domaine Sciences humaines.

Voir aussi : ALTÉRATION A LA COMMUNICATION, SILENCE

Emprunté au latin classique *solitudo* signifiant un « état d'abandon, vie isolée » et dérivé de *solus*, signifiant « seul ». La solitude est rarement souhaitée mais elle est parfois inévitable. Elle reflète la situation d'individu se trouvant sans compagnie momentanément ou durablement, être éloigné de ses semblables. ... Ennemie de notre raison, elle est subie, volontaire, éphémère, pesante, niée. Elle est représentée par un lieu ou par une attitude. Elle peut être le résultat d'une condition économique, provenir de séparations (familiales, amicales.) et produire des souffrances à divers degrés. La solitude peut être le fait d'exclusion sociale, intellectuelle, morale, spirituelle. Le défaut de communication maintient l'homme dans un sentiment de solitude caractérisé par le silence. D'après une enquête de la Fondation de France[153], un français sur huit est seul : en 2014, la solitude touche désormais 5 millions de personnes, un phénomène qui s'est surtout aggravé chez les plus âgés, même s'il n'épargne plus les jeunes. Selon une autre enquête[154], « tous leurs réseaux de sociabilité se sont affaiblis et le phénomène s'est notamment amplifié dans les grandes villes. Ainsi, 33% des personnes âgées résidant dans une ville de plus de 100 000 habitants sont en situation d'isolement, contre 21 % pour celles résidant au sein d'une commune rurale ».
Dans un rapport édité par l'Observatoire national de fin de vie[155], la solitude est « considérée comme étant en situation d'isolement

S

433

Pour tous types de projets de recherche : analyses de situation, mémoires de fin d'études

SETES

Pour en savoir plus :